Gabriele Cerwinka/Gabriele Schranz
•
Moderation für Einsteiger

Gabriele Cerwinka/Gabriele Schranz

Moderation für Einsteiger

Effizient Besprechungen gestalten, ergebnisorientiert leiten

Bibliografische Information der Deutschen Nationalbibliothek
Die Deutsche Nationalbibliothek verzeichnet diese Publikation in der Deutschen Nationalbibliografie; detaillierte bibliografische Daten sind im Internet über http://dnb.d-nb.de abrufbar.

Das Werk ist urheberrechtlich geschützt. Alle Rechte, insbesondere die Rechte der Verbreitung, der Vervielfältigung, der Übersetzung, des Nachdrucks und der Wiedergabe auf fotomechanischem oder ähnlichem Wege, durch Fotokopie, Mikrofilm oder andere elektronische Verfahren sowie der Speicherung in Datenverarbeitungsanlagen, bleiben, auch bei nur auszugsweiser Verwertung, dem Verlag vorbehalten.

ISBN 978-3-7093-0341-2

Es wird darauf verwiesen, dass alle Angaben in diesem Buch trotz sorgfältiger Bearbeitung ohne Gewähr erfolgen und eine Haftung der Autorinnen oder des Verlags ausgeschlossen ist.

© LINDE VERLAG WIEN Ges.m.b.H., Wien 2011
1210 Wien, Scheydgasse 24, Tel.: +43/1/24 630
www.lindeverlag.de
www.lindeverlag.at

Umschlag: buero8
Satz: Hannes Strobl, Satz·Grafik·Design, 2620 Neunkirchen
Druck: Hans Jentzsch & Co. GmbH, 1210 Wien, Scheydgasse 31

Inhalt

Vorwort 7

1. Die Moderationsbasis 9
   Moderation – was ist das? Eine Begriffsdefinition 10
   Arten der Moderation 12
   Die Aufgaben des Moderators und seine Rolle 17
   Die Fähigkeiten des erfolgreichen Moderators 20

2. Die Werkzeugkiste 23
   Eine gute Vorbereitung ist die halbe Miete 24
   Der Besprechungsraum: Wie die richtige
   Umgebung zum Erfolg der Moderation beiträgt 37
   Der Moderationsplan 51
   Spielregeln für alle 55
   Visuelle Hilfen 69
   Moderationstechniken für alle Fälle 81
   Die wichtigste Waffe: die Worte 99
   Fragetechniken für Moderatoren 103

3. Die Notfall-Kiste 111
   Widerstände rechtzeitig erkennen und überwinden 112
   Wenn es ernst wird: Interventionstechniken
   in der Moderation 121
   Der Umgang mit schwierigen Teilnehmern 127
   Äußere Störfaktoren bekämpfen 133

4. Nach der Sitzung ist vor der Sitzung **135**

    Nachbearbeitung: Dokumentation, Protokoll, Ergebnisse.. 136

    Manöverkritik 144

    Unterstützende Checklisten 147

5. Sonderfälle der Moderation **149**

    Wenn der Chef moderiert 150

    Moderieren von Fern-Besprechungen 157

    Moderieren von Krisengesprächen 163

    Moderieren von Großgruppenveranstaltungen 167

    Für Eilige: Die 10 Moderationsgebote 172

Stichwortverzeichnis **173**

Vorwort

Mit dem Moderieren einer Sitzung verhält es sich wie mit dem Autofahren: Die meisten sind überzeugt, dass sie es können. Doch leider ist oftmals das Gegenteil der Fall. Anders als bei größeren Anlässen wie Schulungen, Kongressen oder Workshops, wo meist externe Experten engagiert werden, ist die Moderation der unzähligen Sitzungen, Meetings und Besprechungen, die Teil der täglichen Arbeitsroutine sind, Sache der Mitarbeiter und Führungskräfte selbst. Sie müssen diese Aufgabe meist ohne einschlägige Kenntnisse und professionelle Vorbereitung meistern. Oft mit negativen Ergebnissen: Ineffiziente Meetings stellen in vielen Unternehmen einen enormen Kostenfaktor dar. Sie führen zu keinen klaren Ergebnissen, Entscheidungen werden vertagt, kaum ein Teilnehmer fühlt sich verantwortlich und hochqualifizierte Mitarbeiter vergeuden wertvolle Arbeitszeit. Das prägt vielfach auch die gesamte Unternehmenskultur negativ und kann zur Demotivation der Beteiligten führen.

Diese Überlegungen machen deutlich, wie wichtig eine effiziente Moderation ist, um zeitsparend und ergebnisorientiert zu agieren. Moderieren wird zunehmend zur täglichen Herausforderung vieler Verantwortlicher im Unternehmen und stellt immer mehr eine zentrale Führungsaufgabe dar. Wer ein Team leiten und gleichzeitig als „neutraler" Moderator auftreten muss, hat jedoch eine schwierige Doppelrolle auszufüllen.

Wie schaffen Sie es nun, diese wichtigen Aufgaben neben der normalen Berufsroutine zu bewältigen? Wie können Sie sich professionell auf eine Moderation vorbereiten? Was tun bei Pannen? Auf genau diese Fragen gehen wir im vorliegenden Ratgeber für Einsteiger ein. Wir klären zunächst die Grundsatzfragen: Was ist unter dem Begriff „Moderieren" zu verstehen? Welche Eigenschaften benötigt der Moderator und was muss er tun, um erfolgreich zu sein? Danach besprechen wir die erforderlichen Techniken und Hilfswerkzeuge für eine effiziente Moderation und geben Tipps für schwierige Situationen.

Unser Buch wendet sich an Führungskräfte oder Mitarbeiter mit angehenden Führungsfunktionen, die als Teil ihrer täglichen Arbeit Meetings moderieren und leiten. Ihnen möchten wir bei der Bewältigung der Moderationsrolle in ihrem beruflichen Alltag behilflich sein, nach dem Motto: Moderieren als Mosaikstein einer erfolgreichen Karriere!

Nehmen Sie die Herausforderung an: Gestalten Sie Ihre nächste Moderation gut vorbereitet, überzeugend und effizient. Wir wünschen Ihnen viel Erfolg!

Gabriele Schranz *Gabriele Cerwinka*

Aus Gründen der leichteren Lesbarkeit beziehen sich alle personenbezogenen Formulierungen gleichermaßen auf Männer und Frauen.

Darüber hinaus wählen wir die Begriffe „Besprechung", „Meeting", „Sitzung" und „Veranstaltung" bewusst alternativ, da diese Bezeichnungen in den Unternehmen unserer Erfahrung nach unterschiedlich verwendet werden.

1. Die Moderationsbasis

Am Beginn unserer Moderations-Schulungen steht oft die Frage der Teilnehmer nach Klärung der Basisbegriffe und den Grundlagen der Moderation. Was versteht die Fachwelt unter Moderation, was wird in der Praxis unter diesem Begriff zusammengefasst? Auf der Grundlage der Begriffsdefinition werden die Rolle und die Aufgaben des Moderators schnell deutlich. Dies gibt gerade Einsteigern Sicherheit und hilft ihnen, sich in schwierigen Moderations-Situationen abzugrenzen.

Moderation – was ist das? Eine Begriffsdefinition

Das Wort „moderieren" leitet sich vom lateinischen Wort „moderare" – lenken, steuern, mäßigen – ab.

Unter Moderieren im heutigen Sinne wird eine Tätigkeit zur Unterstützung von (Arbeits-)Gruppen bei der Bearbeitung eines Themas, eines Problems oder einer Aufgabe verstanden, wobei die einzelnen Personen, die Teilnehmer

- auf die Inhalte konzentriert, zielgerichtet und effizient,
- eigenverantwortlich,
- umsetzungsorientiert und
- in einer wertschätzenden Art und Weise

arbeiten.

Mit dieser Definition wird deutlich, dass den Großteil der Arbeit die Teilnehmer selbst übernehmen, der Moderator hingegen eine unterstützende Funktion hat: Er stellt den Rahmen sowie diverse Hilfsmittel zur Verfügung und greift regulierend ein, wenn der Prozess – aus welchen Gründen auch immer – ins Stocken gerät. Was der Moderator den Teilnehmern aber ganz sicher nicht abnimmt, ist deren Eigenverantwortung.

Wo ist der Einsatz von Moderation vorteilhaft?

Überall dort, wo es um die Planung und Leitung von

- Sitzungen,
- Meetings,
- Besprechungen,
- Workshops,
- Tagungen,
- Kongressen,
- öffentlichen Diskussionen und
- TV-Diskussionen, Talkshows

unter Zuhilfenahme von geeigneten Methoden und Medien geht.

Im Vordergrund steht dabei die Steuerung von Gesprächen und Interaktionen aus einer neutralen Position heraus. Diese Steuerung erfolgt mit dem Ziel, die jeweilige Kommunikationsveranstaltung möglichst effizient bzw. effektiv zu gestalten und einen Konsens über gemeinsam erarbeitete Ergebnisse zu erzielen. Diese Ergebnisse werden als Bestandteil der Moderation festgehalten und transparent gemacht.

Moderieren kann aber auch im Bereich der Konfliktkompetenz angesiedelt werden und als Vermittlung bzw. Hilfeleistung in Konfliktsituationen verstanden werden. Wir beschränken uns in diesem Buch auf den Begriff der **Moderation als Besprechungskompetenz und Steuerung von Kommunikationsprozessen im Berufsalltag**. Somit klammern wir bewusst sowohl die Mediation als auch die Moderation von öffentlichen Großveranstaltungen aus, da diese Aufgaben besser einem erfahrenen und speziell ausgebildeten Profi überlassen werden. Uns geht es hier wie bereits beschrieben um die Moderation für Einsteiger als Teil des „normalen" Arbeitsalltags.

Worin bestehen die Aufgaben eines Moderators?

Die Tätigkeit eines Moderators umfasst
- die inhaltliche und darauf abgestimmte methodische Planung,
- die Festlegung von Spielregeln und Überwachung von deren Einhaltung,
- die bewusste Gestaltung eines positiven Gesprächsklimas,
- die Förderung von Lösungsfindung und Beschlussfassung durch den gezielten Einsatz methodischer Hilfsmittel,
- den Einsatz von Medien und anderen Hilfsmitteln zur visuellen Darstellung,
- die Vermeidung von Missverständnissen durch Zusammenfassungen und Visualisierungen,
- das Erkennen und konstruktive Bearbeiten von Konflikten,
- das Wahrnehmen und Wertschätzen der verschiedenen Meinungen,
- die Unterstützung der Gruppe bei der Zielerreichung,
- die Förderung von Entscheidungen,
- das Festhalten und Kommunizieren von Ergebnissen und
- die Einhaltung des zeitlichen Rahmens.

Oftmals wird der Begriff „Moderieren" allerdings auch missbräuchlich verwendet. Es ist uns daher ein Anliegen, aufzuzeigen, **was Moderieren nicht ist**:

- Expertenwissen vermitteln
- Teilnehmer manipulieren
- bereits im Vorfeld getroffene Entscheidungen „durchboxen"
- Selbstdarstellung des Moderators
- Disziplinierungsmethode
- Team-Therapie
- Abgeben von Verantwortung der Teilnehmer an den Moderator
- Entscheidungsverhinderungs-Methode

Wer Moderieren als Machtinstrument missbraucht, tut sich und seinem Team keinen Gefallen. Es geht dabei weder um Beeinflussung noch um Manipulation. Moderieren hat auch nichts mit „Psycho-Spielchen" oder Gruppentherapie zu tun. Ihr Ziel besteht vielmehr in effizienten gemeinsamen Arbeitsprozessen. Im Mittelpunkt steht die Frage nach den Ergebnissen einer Besprechung, eines Meetings, einer Sitzung. Um diese Effizienz zu erzielen, ist der Moderator gefragt.

Arten der Moderation

Bleiben wir bei den in den meisten Unternehmen am häufigsten vorkommenden Moderationssituationen. Welche Formen gibt es und was ist dabei jeweils zu beachten?

Wer moderiert?

Je nachdem, woher die Person kommt, die für die Rolle vorgesehen ist, ergeben sich unterschiedliche Ausgangssituationen für die Moderation.

- **Der externe Moderator**

Er wird von außerhalb des Unternehmens beigezogen. Sie können davon ausgehen, dass er sein Handwerk beherrscht, wenn Moderieren die Dienstleistung ist, die er anbietet. Dem externen Moderator fällt es meist leicht, neutral zu sein, da er keine emotionale Bindung ans Unternehmen hat und nicht unmittelbar durch die Unternehmenskultur beeinflusst ist. Er steht in keinem direkten Abhängigkeitsverhältnis und kann daher weitgehend ungehindert agieren. Allerdings erfordert die Vorbereitung mehr Aufwand, etwa ein ausführliches Briefing. Die Spielregeln für den Ablauf sind vorab genau mit dem Auftraggeber zu klären, da einem unternehmensfremden Moderator Hintergründe und Befindlichkeiten nicht bekannt sind. Manchmal stößt der externe Moderator auf Ablehnung, etwa weil die Gruppe schon schlechte Erfahrungen gemacht hat bzw. nicht klar kommuniziert wurde, warum jemand „von außen" beauftragt wurde („Traut es der Boss keinem von uns zu, die Besprechung zu leiten?").

- **Der interne Moderator aus einer anderen Abteilung**

In speziellen Fällen wird ein Mitarbeiter aus der Personalabteilung oder ein Mitglied des Betriebsrats beigezogen, um Besprechungen zu leiten. Diese Mitarbeiter verfügen oft über eine gute Methodenkenntnis, da sie speziell dafür ausgebildet wurden. Sie haben meist einen guten Einblick in die interne Thematik, sind jedoch fachlich nicht so „verstrickt" mit den Teilnehmern, so dass sie leichter eine neutrale Position einnehmen können. Daneben sind diese internen Moderatoren über die innerbetriebliche Hierarchie und die informellen Machtprozesse informiert, was manchmal zu einer gewissen Zurückhaltung durch die Teilnehmer führen kann. Darüber hinaus hängt die Akzeptanz des internen Moderators stark von der Akzeptanz der jeweiligen Abteilung ab. Wer z. B. die Personalabteilung als außenstehend, da nicht direkt am Produktions- und Verkaufsprozess beteiligt, oder sogar als feindlich ansieht, wird in der Besprechung gegen den Moderator aus dieser Abteilung opponieren.

- **Der Moderator aus dem eigenen Team**

Diese Lösung ist grundsätzlich unkompliziert, soweit das Team über eine geeignete Person in ihren Reihen verfügt. Als Teammitglied kennt der Moderator alle Hintergründe und die Eigenheiten sowie Abhängigkeiten der handelnden Personen. Außerdem ist er mit den fachlichen Hintergründen bestens vertraut und grundsätzlich ohne großen zeitlichen Vorlauf zur Hand. Allerdings schlüpft diese Person nun in eine neue Rolle, was nicht immer von allen Teammitgliedern akzeptiert wird. Ihre Neutralität wird angezweifelt und die kurzfristige Sonderstellung hinterfragt („Wie kommt der Müller dazu, mir die Rede zu verbieten und sich als Teamchef aufzuspielen?"). Häufig betreffen die zu behandelnden Problemstellungen den Moderator selbst, was es für ihn schwierig macht, nicht auch inhaltlich

Stellung zu beziehen. Gehen die Emotionen hoch, hat der Moderator aus den eigenen Reihen einen schweren Stand. Diese Variante empfiehlt sich daher ausschließlich dort, wo das gesamte Team konfliktfrei und reif miteinander umgeht, sowie bei Themen, bei denen keine Konfrontation zu erwarten ist. Außerdem ist es unbedingt erforderlich, dass der Moderator aus dem eigenen Team seine Rolle von Anfang an klar und transparent definiert.

- **Der Chef als Moderator**

Diese Lösung ist eine der häufigsten in Unternehmen. Der Chef ist für das Thema verantwortlich, er will wissen, was seine Mitarbeiter darüber denken, und im Idealfall gleich entscheiden bzw. alle auf den richtigen Kurs zur Umsetzung bringen. Doch genau hier wird deutlich, wie schwierig diese Doppelrolle ist: Neutralität und unbeteiligtes Agieren sind in dem Fall nicht gewährleistet. Wie diese Gratwanderung trotzdem zum Erfolg führen kann, zeigen wir in Kapitel 5. Gerade weil diese Lösung häufig in der Unternehmensrealität vorkommt, haben wir ihr ein eigenes Kapitel gewidmet.

Was wird warum moderiert?

Je nach Inhalten und Zielsetzungen unterscheiden wir folgende Arten von Sitzungen:

- **Regelmäßige Besprechungen, z. B. von Führungsgremien, Teamsitzungen**

Diese Besprechungen haben oft gleichbleibende Tagungsordnungen (Standards) wie z. B. „Stand der Projekte", „Budget", „Personal". Die Standardisierung erleichtert die Vorbereitung. Oft haben diese Besprechungen feste Rituale, laufen immer gleich ab. Der Moderator tut sich manchmal schwer, will er etwas ändern und neue Methoden einführen. Diese Routine kann dazu führen, dass klare Zielsetzungen bei den einzelnen Punkten fehlen.

Derartige Besprechungen sind vor allem durch die grundsätzliche Unternehmenskultur und die manchmal verfestigten Verhaltensmuster der einzelnen Teammitglieder geprägt. Macht- und Revierkämpfe können hier im Vordergrund stehen. Das ist gerade für einen jungen Moderator kein leichtes Spiel, da er erst Überzeugungsarbeit leisten und sich bewähren muss.

- **Unregelmäßige Meetings mit fixem Teilnehmerkreis**

Das größte Problem bei diesen, je nach Anlass und Notwendigkeit einberufenen Besprechungen kann die zeitliche Abstimmung zwischen den einzelnen Teilnehmern sein. Klare Zielsetzungen rücken dabei jedoch mehr in den Vordergrund, da es meist einen konkreten Grund für das Treffen gibt. Zielführend ist dabei ein vorheriges Einfordern der Tagungsordnungs-Punkte von *allen* Teilnehmern. Auch diese Meetings haben oft standardisierte Rituale, allerdings weniger festgefahren als bei regelmäßigen Besprechungen.

- **Aus gegebenem Anlass einmalig einberufene Sitzungen**

Hier ist der Teilnehmerkreis nicht fix, es werden je nach Sachthema Mitarbeiter unterschiedlicher Unternehmensbereiche eingeladen. Und genau hier sehen wir auch die größte Gefahr: Wer muss warum eingeladen werden? Wer ist verstimmt, wenn er nicht berücksichtigt wird und blockiert eventuell aus diesem Grund das Projekt? Macht es Sinn, nur aus taktischen Überlegungen Teilnehmer einzuladen, auch wenn sie inhaltlich wenig beizutragen haben?

Besprechungen dieser Art erfordern nicht nur aus diesen Überlegungen heraus wesentlich mehr Vorbereitungszeit für den Moderator bzw. den Leiter. Hier sind eine straffe Planung und eine genaue Festlegung der Agenda gefragt.

- **Informations-Meetings**

Ziel dieser Veranstaltungsform ist es, alle Teilnehmer auf den gleichen Wissensstand zu bringen. Meist informieren einer oder einige wenige die anderen Teilnehmer über einen bestimmten Sachverhalt. Die Präsentation der Inhalte nimmt einigen Raum ein, Visualisierung unterstützt die Botschaft. Schriftliche Informationsunterlagen für alle Teilnehmer sind wesentlich und in der Vorbereitung zu berücksichtigen. Oft schließt eine mehr oder weniger intensive Frageeinheit und Diskussion an – und genau in diesem Fall ist der Moderator gefragt.

- **Meinungsaustausch-Meetings**

Bei solchen Treffen kann von einem unterschiedlichen Informationsstand der einzelnen Teilnehmer ausgegangen werden. Ziel des Meetings ist es, die unterschiedlichen Standpunkte auszuloten, Ideen, Meinungen und

Vorschläge zu sammeln. Dabei geht es nicht um die Bewertung, sondern um das Kennenlernen von Meinungen – eine Tatsache, die der Moderator immer wieder einfordern muss. Oft wird der Meinungsaustausch von Selbstdarstellern und Vielrednern gefährdet, die diese Plattform frei nach dem Prinzip nutzen: Es ist schon alles gesagt worden, nur nicht von mir! Wichtig sind aus diesem Grund die Festlegung von Zeitlimits und eine straffe Führung durch den Moderator.

- **Entscheidungs-Meetings**

Das Ziel ist hier eindeutig klar: Es geht darum, einen Beschluss zu fassen. Alle potenziellen Mitentscheider sollten daher anwesend sein. Der Erfolg oder Misserfolg eines Entscheidungs-Meetings wird an der Qualität des Beschlusses gemessen. Hilfreich sind daher ein einheitlich (hoher) Informationsstand aller Beteiligten und eine gute und straffe Vorbereitung des Moderators.

- **Workshop**

Die Bearbeitung eines konkreten Themas steht im Workshop im Vordergrund. Die Teilnehmer können aus einer Abteilung, aus mehreren Abteilungen oder auch aus mehreren Unternehmen kommen. In einem Workshop geht es primär um das Erarbeiten von Lösungen und Strategien, nicht vorrangig um konkrete Beschlüsse. Der Begriff Workshop wird jedoch gerne und häufig verwendet, ohne im Vorfeld klar zu definieren, was im jeweiligen Fall darunter verstanden wird.

Sinnvoll sind Workshops dort, wo das zu bearbeitende Thema hinsichtlich Umfang und Zeitbedarf den Rahmen eines normalen Meetings sprengen würde. Diese Veranstaltungen können von einem halben Tag bis zu mehreren Tagen dauern. Dem Moderator kommt die zentrale Rolle zu, die Interaktion der Teilnehmer zu fördern und sie in ihrem Bearbeitungsprozess zu unterstützen.

- **Seminar**

Im Seminar geht es in erster Linie um das Vermitteln von Wissen bzw. um das Erweitern von Kenntnissen und Fähigkeiten. Ein Seminar kann sowohl firmenintern wie auch -extern erfolgen, wobei der Moderator vorrangig die Rolle des Wissensvermittlers übernimmt und Inhalte präsentiert. Die Grenzen zum Vortragenden sind durchaus fließend. Grundsätzlich ist die Rolle des Moderators im Seminar jedoch auf die Einführung ins Thema, das Vorstellen der jeweiligen Experten und Vortragenden sowie auf das Leiten der anschließenden Fragestunde und Diskussion beschränkt.

- **Konferenz**

Wird die Themenvielfalt schließlich so groß, dass ein breiterer Rahmen dafür erforderlich ist, bietet sich eine Konferenz an. Ziele sind Informations- und Wissensvermittlung sowie Meinungsaustausch. Die Teilnehmergruppe ist weit gefasst und sollte aus allen Bereichen, die mit dem Thema befasst sind, kommen. Der Moderator bildet hier ein Bindeglied zwischen den einzelnen Vorträgen, Workshops und Informationsblöcken. Die Konferenz zählt auch zu den Großgruppenveranstaltungen, auf die wir in Kapitel 5 näher eingehen.

Die Aufgaben des Moderators und seine Rolle

Gute Moderatoren sind wie gute Taxifahrer: Sie führen die Teilnehmer schnell und sicher zum gewünschten Ziel. Dabei kennen sie alle Abkürzungen und umfahren Verkehrsbehinderungen.

Die Aufgaben des Moderators

Der Moderator hat aus unserer Sicht immer auch eine gewisse Machtposition, er leitet und führt durch die Veranstaltung. Er steht im Zentrum der Aufmerksamkeit und wird trotzdem seine Aufgabe mit und nicht gegen die Teilnehmer ausführen – er ist also auf deren Akzeptanz angewiesen.

Die konkreten Aufgaben des Moderators haben wir hier in drei Bereiche eingeteilt, je nachdem, wann sie zeitlich anfallen:

1. **Aufgaben des Moderators im Vorfeld**
    - Abklären der Rahmenbedingungen und der Ziele mit dem Auftraggeber (extern oder intern)
    - Vorbereitung und Planung
    - Zeitplan festlegen
    - Auswahl der Teilnehmer
    - Raumerfordernisse erheben und deren Verfügbarkeit prüfen
    - Tagesordnungspunkte festlegen
    - Einladungen verfassen und versenden
    - Vorbereitung aller Teilnehmer auf das Meeting einfordern

2. Aufgaben des Moderators während der Veranstaltung

- Begrüßen der Teilnehmer
- Rahmenbedingungen erläutern
- Spielregeln festlegen
- Ziele definieren, visualisieren und im Auge behalten
- Die Zeit im Griff haben
- Informationsaustausch ermöglichen und fördern
- Die Arbeitsprozesse strukturieren
- Gespräche beleben/verknappen
- Für ein angenehmes Gesprächsklima sorgen
- Meinungsbildung anregen
- Die Kreativität der Teilnehmer aktivieren
- Die Kompetenzen der Teilnehmer erkennen und ansprechen, z. B. der Lehrling als Experte für Jugendkonsumverhalten
- Nachfragen
- Einhaltung der Tagungsordnungspunkte überwachen
- Jeden Tagungsordnungspunkt einleiten
- Beiträge aller Teilnehmer positiv oder neutral würdigen
- Darauf achten, dass alle Teilnehmer involviert sind
- Für den roten Faden sorgen
- Wichtiges herausarbeiten bzw. sichtbar machen
- Die Teilnehmer während des Meetings unterstützen
- Bei Abweichungen eingreifen und alle wieder auf Kurs bringen
- Widerstände erkennen und intervenieren
- Bei Konflikten vermitteln
- Visualisieren
- Das Erreichen von Beschlüssen und Ergebnissen unterstützen
- Diskussionskultur und Disziplin überwachen
- Gegenseitigen Respekt fördern
- Vielredner und Selbstdarsteller bremsen
- Eigene Emotionen bewältigen
- Missverständnisse klären
- Zusammenfassen
- Verabschieden
- Führungs- und Firmenkultur wahren

3. Aufgaben des Moderators nach der Veranstaltung
- Organisatorische und methodische Manöverkritik
- Protokollverantwortung
- Fotoprotokoll erstellen und versenden
- Notwendige Informationen weiterleiten
- Rückgabe von Medien etc.
- Eigene Checklisten ergänzen
- Persönliches Feedback

Die Rolle des Moderators

Aus seinen Aufgaben ergeben sich auch die Richtlinien für das Verhalten eines professionellen Moderators:

- **Er ist sowohl inhaltlich wie auch personenbezogen neutral**: Gute Moderatoren ergreifen nicht Partei. Sie werten und kommentieren die Beiträge der Teilnehmer nicht. Es gibt für sie kein „richtig" oder „falsch". Sie bringen jedem Teilnehmer die gleiche Wertschätzung entgegen und sorgen dafür, dass alle Teilnehmer gleichermaßen zu Wort kommen.
- **Er stellt Kontakt zu allen Teilnehmern her**: Wichtigstes Instrument dazu ist ein direkter Blickkontakt. Kein Teilnehmer wird übersehen, alle immer wieder zumindest kurz durch den Blickkontakt „in die Runde geholt".
- **Er zeigt Interesse**: Die Beiträge der Teilnehmer werden zwar nicht bewertet, trotzdem dankt ein guter Moderator für den Beitrag und verstärkt bewusst Positives. Er lobt Wortmeldungen, hebt die Kreativität und die neue Sichtweise hervor, wertet jedoch den Inhalt nicht.
- **Er gleicht aus**: Durch das Vergeben von einzelnen Rollen an die Teilnehmer werden Unterschiede als positives Instrument zur Lösungsfindung instrumentalisiert. Der Moderator aktiviert Passive und bremst Überaktive ein. So sorgt er für ein ausgeglichenes Besprechungsklima.
- **Er wahrt die Übersicht**: Ein guter Moderator hat stets den roten Faden im Visier und weist immer wieder auf die Zielsetzungen hin. Er zeigt Gemeinsames, Kontroverses und Ergänzendes auf, fasst Wesentliches zusammen und visualisiert Ergebnisse.

- **Er meistert kritische Momente:** Bei Konflikten und Meinungsverschiedenheiten interveniert er, greift bei Kursabweichungen regulierend ein und fordert Lösungen statt Schuldzuweisungen. Er zeigt Verständnis für Kritik, beharrt aber auf Lösungen. Er hebt Gemeinsames hervor und führt immer wieder zum gemeinsamen Nenner. Angriffe auf ihn selbst nimmt er nicht persönlich, sondern kontert professionell. Schließlich findet er auch spontane Lösungen bei technischen Pannen.
- **Er bleibt immer ruhig und Herr/Frau der Lage!**

Das klingt zugegebenermaßen sehr anspruchsvoll. Doch mit einiger Übung und den folgenden Tipps werden Sie die Herausforderung meistern. Wichtig ist es, in der Rolle des Moderators stets authentisch zu bleiben und sich nicht zu verstellen. Die Teilnehmer merken sofort, wenn hinter der Rolle des Moderators ein unsicherer Mensch steckt, der versucht, jemand anderer zu sein als er ist.

Die Fähigkeiten des erfolgreichen Moderators

Ein guter Moderator verfügt sowohl über methodische als auch über die notwendige soziale Kompetenz. Er beherrscht die entsprechenden Moderationstechniken und verfügt über zwischenmenschliches Feingefühl.

Fähigkeiten

Ein guter Moderator sollte

- eine grundsätzlich positive Einstellung zu seinen Mitmenschen haben,
- Ziele eindeutig formulieren können,
- Ziele, Situationen und Ergebnisse transparent machen können,
- Konsens fördern können,
- motivieren können,
- über Führungsqualitäten verfügen,
- um die Grundlagen der Kommunikation Bescheid wissen,
- konstruktiv schlagfertig sein,
- eine souveräne Körpersprache beherrschen,
- Druck von allen Seiten aushalten können,

- flexibel auf Unerwartetes reagieren können,
- zwischen Sach- und Metaebene unterscheiden und wechseln können,
- sich trauen, auch in heiklen Situationen einzugreifen,
- Sache und Emotion stets trennen können,
- kommunikative Verhaltensmuster erkennen und darauf entsprechend reagieren können,
- Hilfsmittel, Methoden und Technik unaufdringlich beherrschen und je nach Erfordernis auch spontan einsetzen können,
- sich gut in ein Thema hineindenken können,
- ein gutes Zeitgefühl haben,
- sich selbst nicht zu wichtig nehmen und
- geduldig und hartnäckig sein.

Sie meinen, diesen „Übermenschen" gibt es im wirklichen Leben nicht? Die Suche nach so einem Exemplar wäre kurz, da aussichtslos? Da sind wir anderer Meinung, denn die meisten dieser Eigenschaften sind mit einem gewissen Maß an Training und der richtigen inneren Einstellung durchaus erlernbar. Es geht ja auch nicht um Perfektion in höchster Vollendung. Entscheidend ist, dass der Moderator einen eigenen Stil hat, authentisch und echt wirkt. Kleine Pannen werden da durchaus verziehen, machen ihn menschlich und für alle Teilnehmer nachvollziehbar. Wer allerdings pessimistisch, vorurteilsbehaftet und jähzornig durchs Leben geht, hat ein großes Stück Arbeit vor sich. Es ist also Grundvoraussetzung, diese Herausforderung anzunehmen und zunächst seine innere Einstellung zu hinterfragen.

Wohin mit den Vorurteilen?

Wir haben den Begriff „vorurteilsfrei" bewusst nicht in die Liste der Fähigkeiten aufgenommen. Diese Eigenschaft zu verlangen, wäre unserer Meinung nach unrealistisch. Niemand von uns ist vorurteilsfrei. Wir benötigen unsere Vorurteile, um in den ständig wechselnden, von Zeitdruck geprägten Kommunikationssituationen rasch reagieren zu können. Wichtig ist es jedoch – und das nicht nur für den Moderator –, seine eigenen Vorurteile zu kennen. Wem seine persönlichen Sympathien, Antipathien und Reizsignale bewusst sind, der kann sie auch bei Bedarf professionell am Eingang des Besprechungsraums ablegen.

Tipp

Machen Sie eine kurze – zumindest gedankliche – Pause, bevor Sie den Besprechungsraum betreten. Stellen Sie sich vor, vor Ihnen stünde eine Holztruhe. Holen Sie jetzt all Ihre Vorurteile (gegenüber einzelnen Teilnehmern, Besprechungsthemen, Abteilungen etc.) hervor und legen Sie diese geordnet in die Truhe. Niemand nimmt Ihnen Ihre Vorurteile weg, sie sind nur für die Dauer der Moderation gut „geparkt".

2. Die Werkzeugkiste

In diesem Kapitel wollen wir uns auf die wesentlichen Bausteine einer gelungenen Moderation konzentrieren. Welche Hilfsmittel benötigt der gute Moderator? Welche Methoden muss er beherrschen? Was muss er tun, beachten, vorbereiten und abklären? Antworten auf diese Fragen finden Sie hier.

Eine gute Vorbereitung ist die halbe Miete

Auch uns ist klar, dass diese Überschrift keine wirklich neue Erkenntnis mit sich bringt. Trotzdem nehmen genau hier häufig Erfolg oder Misserfolg der späteren Moderation ihren Anfang. Wer gut vorbereitet ist, reagiert souverän und sicher. Genaue Vorbereitung bedeutet jedoch nicht, dass ein starrer Rahmen die Flexibilität während der Veranstaltung einschränkt, ganz im Gegenteil. Wer sich gut vorbereitet hat, verfügt auch über die notwendigen Varianten, um spontan reagieren zu können.

Ziele festlegen

Die wichtigste Frage, die vorab immer geklärt werden soll, ist jene nach der konkreten Zielsetzung. Die Antwort auf diese Frage bestimmt alle weiteren Punkte. Sind Sie selbst als Moderator für diese Zielsetzung verantwortlich, liegt es an Ihnen, sich dafür die nötige Zeit zu nehmen und diese Frage zu klären. Meist ist der Moderator jedoch nicht der Verantwortliche für die Zielsetzung der Veranstaltung. Dann besteht seine Aufgabe darin, diese Ziele von den Verantwortlichen hartnäckig einzufordern. Lassen Sie sich dabei nicht mit Allgemeinplätzen abspeisen („Wir wollen mit diesem Workshop die Zusammenarbeit verbessern.").

Wichtig

Ziele formulieren das Ergebnis und nicht den Weg dorthin!

Beispiel für das Formulieren von Workshop-Zielen:

Schlecht: „Info-Austausch zur Auswahl eines neuen Lieferanten."
Besser: „Festlegen eines neuen Lieferanten und Vergabe der Verantwortlichkeiten."

Wer versucht, für die gesamte Besprechung ein einziges, für alle Punkte gültiges gemeinsames Ziel zu formulieren, kann sich leicht in allgemeinen Formulierungen verirren. Nach solchen inhaltslosen Worthülsen und ohne entsprechende Teilziele ist es schwer, eine abgestimmte Vorbereitung in Angriff zu nehmen.

Ziele für die einzelnen Punkte der Tagesordnung formulieren

Werden keine Ziele formuliert, bleiben viele Meetings ineffizient. Warum es den meisten Sitzungsleitern schwerfällt, klare Ziele vorzugeben:

- entspricht nicht der Firmenkultur und damit auch nicht der Meeting-Kultur: Man ist gewöhnt, einfach „drauflos zu reden".
- zu wenig Zeit für die inhaltliche Vorbereitung; faktische und operative Vorbereitung stehen meist im Vordergrund, frei nach dem Motto: Wenn wir einen halbwegs geeigneten Besprechungsraum finden, können wir loslegen.
- Bequemlichkeit: Bisher hat es ja auch immer ohne Vorbereitung geklappt.
- Angst, die Spontaneität der Teilnehmer zu bremsen
- Der Moderator hat zu wenig Fachkenntnis die Themen betreffend und konzentriert sich mehr auf seine Methoden.
- Wenn der Moderator „extern" ist: Verantwortliche nennen keine Ziele, er will nicht unnötig lästig sein und hat das Gefühl, das gehöre nicht in seinen Verantwortungsbereich.
- Wenn der Moderator der Chef ist: bewusstes taktisches Vorgehen, um selbst besser reagieren und damit beeinflussen zu können
- Mangelnde Führungskompetenz: Ein „schwacher" Chef als Moderator formuliert die Ziele lieber passend zur „Stimmung" unter den Teilnehmern. Er will sich vorab nicht so eindeutig festlegen, um danach entsprechend argumentieren zu können, wenn keine Entscheidungen getroffen werden.

Die **Vorteile** klarer Ziele zu den einzelnen Tagungsordnungspunkten liegen dem gegenüber auf der Hand:

- Zeitersparnis
- Effizienzsteigerung, mehr Output
- Führungskompetenz und Respekt steigen.
- Meetings werden von den Teilnehmern als sinnvoll und motivierend empfunden.
- Vorbereitungsgrad der Teilnehmer steigt.
- Die Teilnehmer entwickeln Eigenverantwortung schon in der Vorbereitung.
- Eine aussagekräftige Ergebnis-Kontrolle wird möglich.
- Es wird sofort ersichtlich, was (wieder) auf die nächste Tagungsordnung kommt.

Formulieren Sie die Tagesordnungspunkte und die dazugehörige Zielsetzung konkret und im Detail nachvollziehbar. Beschreiben Sie damit den Soll-Zustand am Ende des Meetings:

- Alle Termine sind fixiert.
- Die Verantwortlichkeit ist festgelegt.
- Jedem Teilnehmer ist das weitere Vorgehen klar.
- Die Kontrolle ist definiert.
- Die weitere Koordination ist klar definiert.
- Jeder hat die Information, die er für sein weiteres Vorgehen benötigt.
- Wesentliche Punkte für die nächste Tagungsordnung sind bereits festgehalten.

In vier Schritten zum klar formulierten Teilziel
Wie Sie nun zu solchen „handfesten" Teilzielen gelangen, werden wir anhand eines Beispiels verdeutlichen:

> **Beispiel**

In einem Bauunternehmen steht die jährliche Besprechung zum Thema Sponsoring an. Bisher wurden diese Meetings meist vom Chef persönlich geleitet, da ihm das Thema am Herzen liegt. Umso enttäuschter verlässt er dieses Jahr die Besprechung, da wieder einmal nichts Entscheidendes herausgekommen ist. Da ein guter Vorschlag, dort ein wichtiger Kritikpunkt, Zahlen, die durch den Raum geworfen werden, und am Ende fühlt sich niemand verantwortlich. Wieder bleibt alles an ihm hängen. So beschließt er, diesmal einen externen Moderator beizuziehen. Auf die Frage des externen Experten nach den Zielen für die Besprechung erhält dieser folgende Punkte von unserem Chef:

Besprechung zum Thema Sponsoring am 10.10.:
- Fazit des letzten Jahres
- Neue Vorschläge
- Wie geht es weiter?

Auf den ersten Blick eine typische Agenda und Zielsetzung einer Besprechung. Auf den zweiten Blick die Ursache für den Frust des Chefs. Jeder Mitarbeiter, der diese Punkte auf seiner Einladung liest, weiß schon im Vorhinein, dass da wieder viel Zeit verschwendet wird und wenig Output entsteht.

> **Beispiel**

Fortsetzung

Der Moderator nähert sich daher in einem Vorgespräch mit dem Chef in vier Schritten einer klaren Zielsetzung – in Teilziele gegliedert – an.

1. **Schritt: Festlegen des Besprechungsthemas**, z. B.: konkrete Sponsoring-Maßnahmen für das nächste Jahr
2. **Schritt: Was muss besprochen werden?**
    a. Wie sind die Sponsoring-Maßnahmen in der vorigen Periode gelaufen?
    b. Welche Vorschläge gibt es für das nächste Jahr?
    c. Welche Abteilungen müssen eingebunden werden?
    d. Wie sieht das Budget aus?
    e. Welche Projekte/Termine gibt es?

3. Schritt: Aus welchem Grund sollen diese Punkte besprochen werden?
   a. Weil wir die bisherigen Erfahrungen bewerten wollen und überlegen müssen, welche Sponsoring-Aktivitäten wir weiter beibehalten wollen,
   b. weil wir wissen wollen, ob von den einzelnen Abteilungen/Mitarbeitern neue Vorschläge eingebracht werden,
   c. weil wir überlegen müssen, ob wir auch andere Abteilungen/Unternehmensbereiche in die Sponsoring-Aktivitäten involvieren sollten,
   d. weil wir das Budget festlegen müssen,
   e. damit wir alle Termine einhalten und Synergien mit anderen Projekten nutzen können.

4. Schritt: Klar definierte Unterziele zu den angestrebten Outputs:
   a. Die konkreten Sponsoring-Aktivitäten, die aus der Vorperiode weitergeführt werden, sind bestimmt.
   b. Drei konkrete Vorschläge, die in der nächsten Periode als Projekt neu gestartet werden, sind ausgewählt und die Verantwortlichen dafür festgelegt.
   c. Allen beteiligten Abteilungen sind ihre Aufgaben und Verantwortlichkeiten klar, die Kompetenzabgrenzungen sind definiert.
   d. Die Budgetdaten sind an alle verteilt, erläutert und sämtliche Aktivitäten als Posten berücksichtigt, ausgewiesen und abgestimmt.
   e. Anfangs-, End- und Zwischentermine sind eingetragen, ein Koordinator für die Termine ist bestimmt, allen Teilnehmern ist das weitere Vorgehen klar.

Als die Teilnehmer die unter Schritt 4 definierten konkreten Ziele in ihrer Einladung vorfinden, staunen sie nicht schlecht. Erstmals scheint es wirklich um konkrete Beschlüsse zu gehen und nicht um persönliche Befindlichkeiten. Die Sache rückt in den Vordergrund, der erste Schritt zu einer effizienteren Besprechung zum Thema Sponsoring ist getan.

Je detaillierter die Unterziele formuliert sind, desto effizienter wird die Besprechung. Es geht also um die genaue Auflistung der Unterpunkte und der dazugehörigen Ziele sowie um die richtige Formulierung dieser Ziele. Ziele sind immer in der „Ist"-Form abgefasst. Es geht nicht um Wunschvorstellungen und Absichtserklärungen, sondern um eine klare und präzise Beschreibung des angestrebten Endzustands.

Inhaltliche Vorbereitung

Ist die Zielsetzung einmal fixiert, geht es an die weiteren Vorbereitungsschritte. Wir haben die einzelnen Punkte dazu in einer Frage-Checkliste für Sie zusammengefasst:

Checkliste
Vorbereitung 1: Der Inhalt

Bemerkungen

- Wie lautet das Gesamtthema?
- Was ist der Auslöser?
- Wer hat die Veranstaltung angeregt?
- Welche Informationen fehlen mir dazu?
- Welche Fragen bereite ich zum Thema vor?
- Welche Inhalte sind dem Auftraggeber wichtig?
- Wie ist die Ausgangslage?
- Welche Widerstände könnten auftreten?
- Was ist zu diesem Thema bisher im Team/Unternehmen gelaufen?
- Was muss in die Einladung?
- Welche inhaltlichen Vorarbeiten werden von den Teilnehmern gefordert?
- Welche Experten zu diesem Thema sind eingeladen?
- Welche Experten sind verfügbar?
- Welche Hintergrundinformationen, Zahlenmaterial wie Statistiken, Umsatzzahlen etc., könnten während der Veranstaltung benötigt werden?
- Wo befinden sich diese Hintergrundinformationen?
- Wer hat außerhalb des Teilnehmerkreises noch Interesse am Ergebnis?
- Wen betrifft das Ergebnis?

Vorbereitung auf die Teilnehmer

Steht der Teilnehmerkreis fest, ist es notwendig, sich mit den „handelnden Personen" auseinanderzusetzen. Das bedeutet aber nicht, schon im Vorfeld die Neutralität über Bord zu werfen und sich über jeden eine vorgefasste Meinung zu bilden, sondern hat zum Ziel, die Reaktionen der Teilnehmer später besser zu verstehen und auf Besonderheiten vorbereitet zu sein.

Checkliste

Vorbereitung 2: Die Teilnehmer

Bemerkungen

- Wer steht auf der Teilnehmerliste? Kenne ich alle Namen?
- Welche Funktion haben die Personen im Unternehmen?
- Welche Entscheidungskompetenz haben sie?
- Welche Projekte und Aufgaben bearbeiten sie zurzeit?
- Welches Interesse hat jeder Einzelne an der Teilnahme?
- Welche Erwartungen haben sie?
- Wie sind die Vorkenntnisse, der Wissensstand?
- Welche Einstellung hat jeder Teilnehmer zum Thema?
- Welche Einstellung hat jeder Teilnehmer zur moderierten Arbeitsweise?
- Welche Erfahrung haben die Teilnehmer bisher mit Moderation gemacht?
- In welchem Hierarchieverhältnis stehen die Teilnehmer zueinander?
- Welchen beruflichen und fachlichen Hintergrund haben die Teilnehmer?
- Wie ist die Stellung der einzelnen Teams im Unternehmen?
- Welche Schwierigkeiten und Konflikte können zwischen den Teilnehmern auftreten?
- Wie gut kennen sich die Teilnehmer?
- Wer sind die Meinungsbildner?
- Welche unterschiedlichen Kulturen treffen aufeinander?
- Welchen Altersgruppen gehören die Teilnehmer an?

Gehen Sie nach Möglichkeit die einzelnen Fragen pro Teilnehmergruppe extra durch. Handelt es sich um einen Ihnen unbekannten Personenkreis, erkunden Sie möglichst viele dieser Fragen im Vorgespräch. Machen Sie sich jedoch bewusst, dass die Informationen, die Sie dabei erhalten, stets durch den persönlichen Filter der Auskunftsperson „gefärbt" sind. Bei heiklen und wichtigen Veranstaltungen lohnt es sich durchaus, mehrere Personen nach Abstimmung mit dem Auftraggeber im Vorfeld zu befragen, um das Bild objektiver zu gestalten.

Methodische Vorbereitung

Neben den Grundsatzüberlegungen zur Zielsetzung ist die methodische Vorbereitung das Herzstück dieses Arbeitsschritts. Hier wird festgelegt, nach welchem Plan und mit welchen Hilfsmitteln der Moderator vorgehen wird. Je nach Art und Umfang der Besprechung/Veranstaltung werden nicht alle der in Checkliste 3 angeführten Fragen relevant sein. Nehmen Sie sich diejenigen heraus, die für Sie und Ihre Form der Moderation notwendig sind. Wie Sie die einzelnen Methodenschritte gestalten und wann am besten welche Methoden eingesetzt werden, betrachten wir in Kapitel 2 unter „Moderationstechniken für alle Fälle" ausführlich.

Checkliste

Vorbereitung 3: Die Methode

Bemerkungen

Wie plane ich konkret den Einstieg bzw. meinen Moderationsplan?	
Wer stellt mich vor?	
Wie visualisiere ich den organisatorischen Rahmen?	
Wie visualisiere ich das (Ober)ziel?	
Wie erfasse ich die Erwartungen der Teilnehmer?	
Welche Spielregeln sind schon vereinbart?	
Welche Spielregeln vereinbare ich zusätzlich?	
Wie präsentiere ich den Ablauf und den Zeitrahmen?	
Wie reihe ich die Tagungsordnungspunkte?	
Welche Methoden eignen sich für welchen Punkt?	

Welche Arbeitsschritte sind dafür erforderlich?
Wie viel Zeit habe ich pro Arbeitsschritt?
Ist das Zeitbudget pro Tagungsordnungspunkt realistisch?
Welche Methoden kann ich kombinieren?
Wie lauten die konkreten Arbeitsfragen an die Teilnehmer für die einzelnen Arbeitsschritte?
Wie sichere ich die Ergebnisse?
Habe ich Pufferzeiten vorgesehen?
Habe ich einen Themenspeicher für Unerledigtes als Grundlage der nächsten Tagungsordnung vorgesehen?
Wie gestalte ich die Beschlussfassung?
Habe ich einen Fragenkatalog vorbereitet?
Wie und wann plane ich eine Stimmungsabfrage ein?
Plane ich eine Feedback-Runde ein?
Wie erfasse ich den weiteren Aktionsplan?
Welche Methoden plane ich als Alternative?
Wie lockere ich notfalls die Stimmung auf?
Wie gestalte ich den Abschluss?

Die organisatorische Vorbereitung

Wesentlich zum Gelingen der Veranstaltung trägt auch der passende Rahmen bei. Der beginnt mit der richtigen Einladung und Vorinformation aller Beteiligten, beinhaltet die Auswahl und Gestaltung des Raums, der Hilfsmittel und Pausen sowie das Festlegen der Nacharbeiten. Auch dazu folgt in den kommenden Kapiteln die Detailinformation. Hier wollen wir sicherstellen, dass Sie in der Vorbereitung an alle relevanten Punkte denken. Sind Sie ausschließlich für die Moderation zuständig, sind wesentliche Faktoren schon vom Veranstalter vorgegeben. Hilfreich ist jedoch, wenn auch Sie mit den Gegebenheiten vor Ort vertraut sind. Sollten Sie als Moderator mit der gesamten Vorbereitung betraut sein, hier eine Checkliste für die möglichen Details der Organisation:

Vorbereitung 4: Die Organisation — Checkliste

Bemerkungen

Ist Anfangs- und Endzeitpunkt festgelegt?

Wer empfängt die Teilnehmer?

Welcher Ort ist vorgesehen?

Ist der Raum festgelegt und frei?

Ist der Raum groß genug?

Wie sieht die Einrichtung aus, welche Tische/Stühle stehen zu Verfügung?

Welche technischen Möglichkeiten sind vorhanden?

Welche technischen Hilfsmittel bringe ich mit?
Was benötige ich dafür vor Ort?

Ist für Störungsfreiheit gesorgt?

Wie plane ich die Sitzordnung?

Ist für die Pausenverpflegung gesorgt?

Gibt es einen Ort für Raucher?

Welche Unterlagen oder Produktbeispiele und Handouts für die Teilnehmer sind erforderlich?

Welche Hilfsmittel benötige ich für die Moderation?
Habe ich einen Moderationskoffer zur Verfügung?

Welche visuellen Hilfsmittel benötige ich noch?

Wie sind die Lichtverhältnisse im Raum?

Wer versendet wann die Einladungen an die Teilnehmer?

Wer ist für das Protokoll zuständig?

Die persönliche Vorbereitung

Moderation ist nach unserer Erfahrung Knochenarbeit. Sie erfordert nicht nur die volle Konzentration und geistige Fitness des Moderators, er muss auch körperlich imstande sein, die gesamte Veranstaltung ohne „Einbrüche" durchzustehen. Es versteht sich von selbst, dass genügend Schlaf und ein ausgewogener Energiehaushalt dabei unterstützen. Achten Sie während der Veranstaltung besonders auf ausreichende Flüssigkeitszufuhr und vergessen Sie nicht, auch für sich selbst Pausen einzuplanen. Berücksichtigen Sie einen ausreichenden zeitlichen Vorlauf zur persönlichen Einstimmung und das Vertrautmachen mit den Räumlichkeiten. Wer abgehetzt gerade noch rechtzeitig erscheint, wirkt von Anfang an nicht sehr souverän. Vor allem die Technik will ausprobiert sein, um notfalls noch Hilfe zu organisieren. Ein professionell vorbereiteter Raum wirkt auch auf die Teilnehmer vom ersten Moment an motivierend. Sobald diese eintreffen, sollten Sie sich voll und ganz auf sie konzentrieren können.

Sonderfälle und ihre spezielle Vorbereitung

Was tun ...

- **... wenn Sie über die Einberufung einer Besprechung entscheiden:**
  Nicht immer sind die Rollen „Auftraggeber", „Sitzungsleiter" und „Moderator" streng getrennt. Häufig wird derjenige, der eine Besprechung einfordert, auch gleich mit der Moderation beauftragt. Somit stellt sich schon im Vorfeld eine Grundsatzfrage: Ist die Besprechung unumgänglich?

  Da hilft zunächst eine Abfrage bei allen potenziellen Teilnehmer: Wer hat welche Themen für das Meeting? Klingt banal, kann aber so manche sinnlose Sitzung rechtzeitig verhindern helfen: Kommt keine Antwort, kann das Meeting meist getrost abgesagt werden. Sollte sich in dieser Phase herausstellen, dass das Problem besser zwischen zwei, maximal drei Personen besprochen werden sollte, bietet sich auch an, ein reines Zweier- oder Dreiergespräch zu vereinbaren. Damit wird anderen Mitarbeitern nicht unnötig Zeit genommen und die Ergebnisse sind schneller erzielt.

  Erhalten Sie auf Ihre Abfrage konkrete Antworten, haben Sie schon einen wichtigen Grundstein zum Gelingen der Besprechung

gelegt. Wer einen eigenen Tagesordnungspunkt vorschlägt, ist engagierter beim Meeting und nimmt aktiver daran teil. Eines ist jedoch wichtig: Alle eingebrachten Themen müssen aufgenommen oder zumindest begründet auf ein späteres Meeting verschoben werden. Formulieren Sie nun Ihre Ziele zu den einzelnen Punkten schriftlich, siehe oben. Laden Sie vorrangig jene Teilnehmer bzw. jene Anzahl ein, die für die Zielerreichung notwendig sind: Je mehr Teilnehmer, desto länger dauert erfahrungsgemäß der Beschlussfassungsprozess.

- **... wenn Sie für die Tagungsordnungspunkte verantwortlich sind:**
Auch hier ist es aus den eben angeführten Gründen notwendig, eine Abfrage zu starten. Ebenso tragen Sie die Verantwortung für die genaue Zielformulierung.

Schätzen Sie in einem nächsten Schritt genau ab, ob die anberaumte Zeit für die Veranstaltung/Besprechung reicht – wenn nicht, erhöhen Sie entweder die Gesamtzeit (aber bitte nur bis zu einem für alle Teilnehmer erträglichen Maß), oder, besser noch, setzen Sie klare Prioritäten. Filtern Sie die wichtigsten Tagungsordnungspunkte heraus. Dabei hilft Ihnen z. B. das nachfolgend erläuterte „Eisenhower-Prinzip":

dringend		
hoch	**B-Priorität** *Kann der Punkt auch zwischen den Betroffenen außerhalb der Sitzung geklärt werden?*	**A-Priorität** *Muss auf die TO!*
tief	**C-Priorität** *Verschieben, weglassen oder anderswo besprechen*	**B-Priorität** *Planen, vorarbeiten, delegieren, terminisieren und im Auge behalten*
	tief	hoch → wichtig

Abb.: Eisenhower-Prinzip

Was außerdem zu beachten ist:
- Welcher Punkt der Tagungsordnung erfordert wirklich die Teilnahme bzw. die Anwesenheit aller?
- Wo müssen noch Vorarbeiten erledigt und Fragen im Vorfeld geklärt werden?
- Welche Auswirkungen hätte es, wenn dieser Tagungsordnungspunkt von der Besprechungsliste gestrichen würde?

Im Sinne des Grundsatzes „Weniger ist mehr" raten wir Ihnen, nicht ganz so bedeutende Themen (B-Prioritäten) als „Ersatzthemen" vorzubereiten, für den Fall, dass Zeit dafür vorhanden ist.

Teilen Sie die restlichen Tagungsordnungspunkte ein. Wo geht es um Information, wo um Meinungsbildung und wo geht es um Entscheidungen? Je nachdem erfordern die einzelnen Punkte eine unterschiedliche Vorbereitung und Konzentrationsfähigkeit der Teilnehmer.

Daher sollten Sie folgenden Grundsatz bei der Reihung der Themen beachten: Die wichtigsten Themen gehören an den Anfang!

- **... wenn Sie für die Auswahl der Teilnehmer zuständig sind:**

   Im Sinne eines respektvollen Umgangs mit der Zeit der Mitarbeiter empfehlen wir, nur wirklich von der Besprechung betroffene und am Ziel beteiligte Teilnehmer einzuladen. Heute gilt es bereits in vielen Unternehmen als Unart, gewisse Personen aus ausschließlich taktischen Gründen einzubinden. Es geht nicht darum, einzelne Mitarbeiter in ihren persönlichen Macht-Befindlichkeiten zu unterstützen oder einer Besprechung durch die Anwesenheit wichtiger Personen eine höhere Wertigkeit zu geben, sondern es geht um die Zielerreichung.

   Je besser die einzelnen Punkte der Tagungsordnung vorbereitet werden, desto eher wird klar, welche Mitarbeiter erforderlich sind. Unnötig viele Teilnehmer an einer Besprechung sind oft auch ein Zeichen mangelnder inhaltlicher Vorbereitung, frei nach dem Motto: sicher ist sicher, je mehr, desto besser.

   Schwierig gestaltet sich häufig auch die terminliche Koordination der Teilnehmer. Konzentrieren Sie sich dabei auf die sogenannten „Schlüsselspieler", die für die Beschlussfassung und den Erfolg des Meetings unbedingt erforderlich sind.

Tipp

Ein einfaches, jedoch sehr zweckmäßiges Instrument zur gemeinsamen Terminfindung ist auf www.doodle.com zu finden. Sie ersparen sich damit endlose Telefongespräche und zeitintensive Abstimmungen.

Der Besprechungsraum: Wie die richtige Umgebung zum Erfolg der Moderation beiträgt

Unsere unmittelbare Umgebung prägt nicht nur unsere Stimmung, sondern auch entscheidend unsere Kommunikation. Wer sich wohlfühlt, ist offener, entspannter und kreativer. Für den Erfolg der Veranstaltung bzw. den Output der Besprechung ist es daher wesentlich, welcher Rahmen dafür ausgewählt wurde. Wer eine mehrtägige Veranstaltung wie eine Klausurtagung oder einen Kreativ-Workshop plant, wird bewusster bei der Raumauswahl vorgehen. Periodisch stattfindende Besprechungen finden meist in den im Unternehmensgebäude dafür vorgesehenen Räumen statt.

Doch klassische Sitzungszimmer sind manchmal kühl gestaltet. Sie gelten als „unproduktive" Fläche, da hier keine aktive Büroarbeit geleistet wird und sie oft „leer stehen". Sie müssen unterschiedliche Zwecke erfüllen und werden nicht auf den jeweiligen Bedarf abgestimmt. Nicht selten verkommen sie auch noch zu zusätzlichen Aktenarchiven, Abstellkammern für überzählige Büromöbel oder Ähnlichem.

Wenn Sie als Moderator den Raum auswählen können, sollten Sie sich vorab folgende Fragen stellen:
- Ist der Raum grundsätzlich geeignet?
- Will ich mit den Räumen beeindrucken, einen Imagewert schaffen?
- Oder geht es rein um die Zweckmäßigkeit?

Klären Sie im Vorhinein stets die erforderlichen Funktionen ab:
- Ist der Raum für die Anzahl der Teilnehmer geeignet?
- Nehmen auch externe Personen teil (Kunden, Berater, Lieferanten etc.)?
- Wo werden die Teilnehmer, die von außen kommen, empfangen?

- Ist die Raumbeschriftung entsprechend?
- Gibt es Ablageraum für Koffer, Akten, Garderobe, Schirme etc.?
- Wie ist es um Diskretion und Sicherheit bestellt?
- Gibt es Verpflegungsmöglichkeiten und Pausenflächen?
- Ist genug Platz für die einzelnen Teilnehmer vorhanden? Ideal ist es, wenn die Teilnehmer ca. eine Armlänge voneinander entfernt sitzen, um die sogenannte intime Distanz zu wahren.
- Sitzen die Teilnehmer auch nicht zu weit voneinander entfernt?
- Ist genügend Platz für Laptop und Unterlagen vorhanden? Ideal sind auch Ablageflächen neben oder hinter den Sitzen, um zu vermeiden, dass Barrieren durch Unterlagen zwischen den Teilnehmern entstehen.
- Ist genug Platz für Flipchart und Pinnwände vorhanden?
- Haben Sie als Moderator ausreichend Bewegungsfreiheit?
- Ist die Möblierung flexibel, vor allem auch die Tische? Tischgrößen sind häufig vorgegeben – sind jedoch an einem großen Tisch wenige Teilnehmer versammelt, fühlen sich diese schnell verloren und es kommt kein positiver Kommunikationsfluss in Gang.

Haben Sie es als Moderator mit fix vorgegebenen Räumlichkeiten zu tun, ist es hilfreich, sich mit diesen vertraut zu machen und auch die Umgebung bewusst wahrzunehmen. Oft erkennt man an der Ausgestaltung des Raumes die Zielsetzung der Veranstaltung und die typische Besprechungskultur, die im Unternehmen vorherrscht:

- Der Chef will **Macht demonstrieren** – die Chefposition ist deutlich erkennbar und hervorgehoben durch den „Chefstuhl" bzw. durch dessen Distanz zu den Teilnehmern.
- Das Unternehmen/der Chef will durch besondere Ausgestaltung **beeindrucken**, ein Image kreieren, z. B. durch modernste Technologie, moderne Kunst, betonte Innenarchitektur: „Wir sind ein dynamisches, hoch technisiertes, junges Unternehmen".
- Die Verantwortlichen wollen für ihre Besprechungen **Vertrauen schaffen**. Der Teilnehmer und sein Wohlbefinden stehen im Mittelpunkt (gut ausgestattete Sitzplätze, Pausenflächen etc.).
- Im Vordergrund steht das **Sichern von Diskretion** (gut abge-

schirmt durch schalldichte Türen, oft kleinere und dadurch intimere Räume).
- Primär geht es darum, **Ideen zu entwickeln** (alles ist offen und hell gestaltet, es gibt genügend unterschiedliche „Arbeitsinseln" für Kleingruppen).

Um die Wirkung eines Raums zu erfassen, ist es für den Moderator hilfreich, sich zunächst auf ein oder mehrere Teilnehmerplätze zu setzen. Was ist im Blickfeld? Wie wirkt der Raum insgesamt? Wie wird die Position des Moderators wahrgenommen? Bedenken Sie, dass Ihre Teilnehmer immer einen anderen Blickwinkel haben als Sie selbst.

Noch ein Wort zum Thema **Licht**: Der Raum sollte nicht zu dunkel sein, da sich sonst die Teilnehmer in die Passivität zurückziehen und sich berieseln lassen. Ist das Licht zu grell, ermüden hingegen die Augen schneller. Die notwendige Helligkeit hängt auch von der Häufigkeit der Beamer-Nutzung ab: Grundsätzlich sollte die Lichtstärke so sein, dass die Folien noch lesbar sind, es aber trotzdem noch hell genug zum Mitschreiben und Mitagieren ist. Daher lieber etwas weniger Lesbarkeit bei den Folien und dafür mehr Aufmerksamkeit bei den Teilnehmern!

Ein weiteres wichtiges Thema ist die **Pausenverpflegung**: Grundsätzlich ist es besser, diese außerhalb des Raumes vorzusehen, da Bewegung zusätzlich der Erfrischung dient. Eingefahrene Standpunkte werden oft verändert, wenn sich in einer Pause auch die Körperhaltung ändert. Außerdem wird die Besprechung/Veranstaltung nicht durch „Ess-Geräusche" gestört. Bei Ganztagesveranstaltungen geht es auch um die Frage der Mittagsverpflegung. Grundsätzlich muss für Buffets und Catering weniger Zeit eingeplant werden als für Restaurantbesuche. Letztere macht nur in Ausnahmefällen Sinn, z. B. wenn der Teamaspekt betont werden soll.

Sie sollten unbedingt für **Getränke** im Raum sorgen: in erster Linie für Wasser mit und ohne Kohlensäure, eventuell auch für Säfte, Eistee, etc. Dieses Angebot ist Ausdruck der Wertschätzung den Teilnehmern gegenüber und bringt außerdem den Energiehaushalt in Schwung. Trinken ist Nahrung fürs Gehirn!

Ein idealer Raum für eine Besprechung, einen Workshop o. Ä. erfüllt zwei wichtige Voraussetzungen: Einerseits schafft er ein perfektes Wohlfühlklima für alle Teilnehmer und ermöglicht eine ungehinderte und inspirierende Face-to-Face-Kommunikation, andererseits integriert er unaufdringlich die notwendige Kommunikations- und Medientechnik. Nicht immer sind die Gegebenheiten vor Ort aus der Sicht des Moderators ideal. Versuchen Sie jedoch immer so weit wie möglich, beiden Kriterien gerecht zu werden und so einen möglichst idealen Ort moderner Besprechungs-Produktivität zu schaffen.

Checkliste

Raum

Bemerkungen

Wo ist der Raum?
„Anfahrts-Wege" für die einzelnen Teilnehmer

Ist ein Raum außerhalb der üblichen Arbeitsumgebung dem Ergebnis förderlicher?

Gibt es schon „Standards" (z. B. bei regelmäßigen Besprechungen) in dem Unternehmen?

Ist Abgeschiedenheit gewünscht?

Sind Bewegungen von außerhalb des Raumes, z. B. durch Glaswände, sichtbar?

Steht bei Bedarf eventuell noch ein zweiter Raum für das Teilen der Gruppe zur Verfügung?

Erreichbarkeit

Ist die kurzfristige Anwesenheit einzelner Mitarbeiter erforderlich und sind kurze Wege daher vorteilhaft?

Distanz zu benötigtem Service: Verpflegung, Technik-Support, Office-Support

Lärmeinwirkung von außen

Raumgröße
Wie viele Teilnehmer?

Welche Sitzordnung?

Müssen die Teilnehmer mitschreiben?

Benötigen Teilnehmer Platz für ihre Laptops?

Ist genügend Platz für alle technischen Hilfsmittel?

Kann sich der Moderator noch frei bewegen?

Möblierung

Ist flexibles Mobiliar vorhanden?

Lässt sich mit den vorhandenen Tischen und Stühlen die gewünschte Sitzordnung gestalten?

Wer ist für den „Möbelumbau" zuständig?

Gibt es genügend Stühle für alle Teilnehmer?

Sind diese Stühle bequem?

Sind die Tische groß genug für alle Arbeitsschritte?

Sind zusätzliche Ablageflächen vorhanden?

Besteht die Möglichkeit zur Schaffung von unterschiedlichen „Arbeitsinseln"?

Sind bei Bedarf auch Stehtische vorhanden?

Raumklima

Entlüftung/Frischluft

Heizung: Wer bedient sie? Wie schnell können gewünschte Temperaturänderungen vorgenommen werden?

Wer ist für die Klimaanlage verantwortlich? Wie schnell können Temperaturänderungen vorgenommen werden?

Ist direkte Zugluft bei einzelnen Plätzen besonders störend?

Wie wird das Licht gesteuert? Gibt es Tageslicht?

Gibt es im Raum unangenehme Gerüche/aufdringliche Duftquellen?

Technik

Gibt es vor Ort genügend Stromanschlüsse?

Sind Verlängerungskabel und Verteilersteckdosen vorhanden?

Gibt es einen Beamer + Kabel (Verbindung zum Beamer, TV etc.)?

Sind PC + Kabel vorhanden?

Gibt es einen Laserpointer?

Ist ein Hellraumprojektor notwendig?

Wo ist das Flipchart platziert?

Besteht die Möglichkeit, spontan ein weitere Flipcharts zu erhalten?

Funktionierende Flipchart-Stifte (optimal: vier Farben, je zwei Stifte)?

Gibt es Pinnwände + Pinns?

Sind bei Bedarf White-Boards vorhanden?

Sind an den Wänden Magnetschienen angebracht?

Wo gibt es sonst noch Platz für das Aufhängen von Flipchart-Bögen?

Sind entsprechende Klebestreifen für die Flipchart-Bögen vorhanden?

Ist eine Filmkamera verfügbar?

Gibt es, falls benötigt, ein TV-Gerät?

Gibt es, falls benötigt, Akustik-Boxen?

Gibt es einen Moderationskoffer? Wenn ja, mit welchem Inhalt?

Pausen/Erfrischungen

Was steht als Verpflegung für zwischendurch zur Verfügung?

Wo werden Erfrischungen platziert?

Wer ist dafür verantwortlich?

Sind an jedem Platz Getränke vorgesehen?

Werden diese bei längeren Veranstaltungen nachgereicht?

Ist für eine Mittagsverpflegung gesorgt?

Wie wird die Mittagspause gestaltet?

In welcher Form wird wie oft und wann Kaffee angeboten?

Gibt es einen Raucherraum?

Die Sitzordnung

Die Art und Weise, wie die Teilnehmer sitzen, und die Position des Moderators sind oft entscheidend für den Erfolg einer Veranstaltung. Grundsätzlich sollte der Moderator immer so platziert sein, dass er die gesamte Runde mit einem Blick erfassen kann und alle seine Hilfsmittel in der Nähe hat. Oberstes Gebot ist daher:

Suchen Sie sich Ihren Platz als Moderator bewusst aus! Lassen Sie sich von diesem einmal gewählten Ort nicht verdrängen. Platzieren Sie sich so, dass Sie mit Ihrem Auftraggeber Blickkontakt halten können.

Nähe fördert Kommunikation und Austausch, zu große Abstände sind daher nicht ideal. Andererseits sollte jeder genügend Platz haben, um eigene Aktivitäten, insbesondere Mitschreiben, ungestört durchführen zu können.

Die Art der Sitzordnung richtet sich nach der Zielsetzung der Veranstaltung, der Anzahl der Teilnehmer und nach den Raumgegebenheiten. Jede Sitzordnung hat Vor- und Nachteile, auf die wir hier kurz eingehen wollen:

U-Form

Skizze:

Diese Anordnung ermöglicht es auch einer größeren Runde, eine direkte Face-to-Face-Kommunikation zu pflegen. Der Moderator sitzt oder steht frontal zu den Teilnehmern, hat dabei jedoch die Möglichkeit, sich „innerhalb" der Teilnehmerrunde zu bewegen. Bei ganztätigen Konferenzen, Workshops und allen Veranstaltungen, bei denen es darum geht, Informationen weiterzugeben und gemeinsam Punkte zu erörtern und zu diskutieren, ist diese Sitzordnung ideal. Achten Sie jedoch darauf, dass alle Teilnehmer eine uneingeschränkte Sicht auf die eingesetzten Visualisierungshilfen haben. Besondere Beachtung ist den Personen rechts und links vorne zu schenken, da diese den Moderator oft nur von der Seite sehen, er ihnen somit „die kalte Schulter" zeigt. Zu häufiges Vortreten in Richtung Mitte der Tische ist daher zu vermeiden (dann würden Sie die vorne rechts und links außen Sitzenden nur mehr von hinten wahrnehmen). Ein entscheidender Vorteil für den Moderator bei dieser Sitzordnung: Er hat die Möglichkeit, die Beinbewegungen der Teilnehmer wahrzunehmen und so entscheidende Hinweise aus der Körpersprache zu beziehen (dazu später in Kapitel 3).

Klassenzimmer

Skizze:

Diese Anordnung ist vielen von uns noch aus der Schulzeit vertraut. Sie fördert klar die Einwegkommunikation: Einer trägt vor, die anderen hören zu und schreiben mit, machen gelegentlich einen Einwurf oder reden, wenn sie direkt vom Moderator angesprochen werden. Die Klassenzimmer-Form ist daher etwa für Schulungen, aber sicher nicht für moderierte Besprechungen geeignet. Da sich die Teilnehmer nicht ansehen können, entsteht weniger Interaktion. Einzelne nehmen sich dabei ganz aus dem Geschehen. Wählen Sie diese Sitzordnung nur dann, wenn der Raum für eine U-Tafel zu klein ist und relativ viele Teilnehmer erwartet werden. Sie ist jedoch definitiv keine geeignete Form für produktive Besprechungen.

Kino

Skizze:

Auch hier steht oder sitzt der Moderator ausschließlich frontal zu den Teilnehmern, nur haben diese keine Tische und damit auch keine Ablagefläche und keine Möglichkeit, mitzuschreiben. Kommunikation untereinander entsteht nicht, alle Blicke richten sich ausschließlich nach vorne. Auch diese Sitzordnung ist primär für Informationsveranstaltungen geeignet.

Offener Stuhlkreis

Skizze:

Die Teilnehmer sitzen in einem Halbkreis, an einem Ende befindet sich der Moderator. Alle können sich dabei zwar anschauen, aber es fehlt die Möglichkeit, mitzuschreiben oder in Unterlagen zu blättern. Getränke haben auch keinen Platz neben den Teilnehmern. Diskussionen finden statt, allerdings meist wesentlich emotionaler, da ja die (sachlichen) Unterlagen fehlen. Nicht umsonst werden in dieser Anordnung häufig Schulungen zu Persönlichkeitsthemen abgehalten. Für eine berufliche Besprechung ist diese eher nicht geeignet.

Besprechungstisch

Skizze:

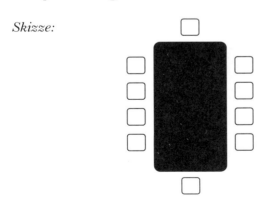

Firmeninterne Besprechungen finden meist an einem großen Tisch statt. Alle haben direkten Augenkontakt, können mitschreiben und ihre Unterlagen verwenden. Nicht alle haben jedoch eine gleich gute Sicht auf die Visualisierungsmedien. Achten Sie daher als Moderator vor der Besprechung auf eine sinnvolle Platzierung der Medien, um nicht ständig den Arbeitsfluss unterbrechen zu müssen, und zwar mit dem Satz: „Können Sie das auch sehen, Herr Meier?"

Die Art und Weise, wie sich die eintreffenden Mitarbeiter einen Stuhl aussuchen, sagt viel über die Teamdynamik aus. Ist das Team eher locker und unkompliziert im Umgang miteinander, wird sich jeder, der eintrifft, einfach auf den nächsten freien Stuhl setzen, willkürlich und jedes Mal anders. Hat die Gruppe aber ein eher starres, hierarchisches Gefüge, gibt es „Stammplätze". Jeder hat seinen fixen Platz und es wird als Irritation empfunden, wenn jemand diese Sitzordnung missachtet.

Sitzordnung: Was die einzelnen Positionen aussagen

Vielfach ist die Sitzordnung nicht ganz willkürlich. Sie sagt vielmehr einiges über die inneren Hierarchien im Team aus. Ein klar hierarchisch geprägtes Team wird in etwa so sitzen:

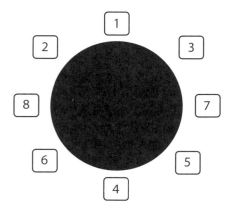

1. der König
2. die rechte Hand
3. die linke Hand
4. der Gegenspieler
5. und 6. die Getreuen des Gegenspielers
7. und 8. die Neutralen

Wo sitzt in einer solchen Anordnung der Moderator?

Zugeordnet bekommt ein neutraler Moderator sicher am ehesten die Plätze 7 oder 8. Sie ermöglichen die ausgewogene Distanz zu den Gegenpolen. Geht es bei der Besprechung vorwiegend um Sachfragen, wird das auch gut funktionieren. Wird die Besprechung aber eher als Schlachtfeld der beiden „gegnerischen" Parteien verstanden, sind die Positionen 7 oder 8 weniger von Vorteil, da der Moderator nicht in das direkte Duell eingreifen kann. Die (Wort-)Geschosse können ungehindert abgefeuert werden, die Gegner belauern sich und die gesamte Energie am Tisch fließt in diesen Kampf. Es ist daher unumgänglich, sich als Moderator von Anfang an bewusst anders zu positionieren und vor allem auch die beiden „Gegner" so zu platzieren, dass sie keinen direkten Blickkontakt zueinander haben.

Der Moderator hat das Recht, die Sitzordnung festzulegen. Das ist Teil seines Jobs. Er kann die Teilnehmer bunt durcheinander setzen, wenn er der Meinung ist, dass dies dem Ergebnis dienlich ist.

Soll der Moderator sitzen oder stehen?

Ein sitzender Moderator befindet sich mit allen Teilnehmern auf Augenhöhe. Er kann gut Blickkontakt aufnehmen und demonstriert Gleichrangigkeit. Allerdings hat er in dieser Position weniger Bewegungsfreiheit und sein Überblick ist eingeschränkt.

Steht der Moderator, hat er die perfekte Übersicht. Er wahrt auch eine gewisse Distanz zu den Teilnehmern, was die Ausübung seiner Rolle als Lenker erleichtert. Allerdings fehlt die kommunikative Augenhöhe.

Der gute Moderator wird im Idealfall seine Position immer wieder wechseln. Er steht auf, geht zum Flipchart oder zur Pinnwand und setzt sich wieder, während die Teilnehmer selbständig arbeiten. Durch diese Positionswechsel kann er zusätzlich Aufmerksamkeit generieren, wirkt dynamisch und aktiv.

Ist eine Sitzung im Stehen eine Stehung?

Besprechungen in kleiner Runde und mit kurzer Dauer können durchaus auch im Stehen abgehalten werden. Die Teilnehmer gruppieren sich um einen Stehtisch. Diese Form der Besprechung hat einige Vorteile:
- Alle fassen sich kurz.
- Die Teilnehmer benötigen weniger Raum.
- Die Teilnehmer rücken näher zusammen, was zu direkter Interaktion führt.

- Die Besprechung kommt ohne große technische Hilfsmittel aus, Beamer etc. finden selten Verwendung.
- Alle können gemeinsam in Unterlagen sehen.
- Die Besprechung ist informeller und damit „lockerer".
- Durch die fehlenden Stammplätze werden Hierarchien leichter überwunden, die Teilnehmer empfinden sich gleichwertiger als am klassischen Besprechungstisch.
- Das Stehen aktiviert die Energieströme und damit auch die geistige Flexibilität.
- Das Stehen wird von den Teilnehmern als wohltuende ergonomische Abwechslung zum hauptsächlichen Sitzen am Schreibtisch empfunden.

Die Rolle des Moderators wird bei einer Besprechung im Stehen jedoch oftmals als unnütz gesehen, er muss stärker um die Anerkennung seiner Tätigkeit kämpfen. Tatsache ist, dass auch diese Form der Kurzbesprechung den gleichen Gesetzen unterliegt wie ein längeres Meeting:

- Auch hier geht es darum, zu einem bestimmten, vorgegebenen Thema Lösungen zu erarbeiten, ein Ziel zu erreichen.
- Ein gewisses Maß an Vorbereitung ist notwendig, um die Besprechung effizient zu gestalten.
- Unterschiedliche Meinungen, Interessen, Vorurteile und persönliche Antipathien treffen aufeinander.
- Auch Kurzbesprechungen können in eine Sackgasse geraten.
- Die Ergebnisse müssen festgehalten werden.

Trotz oder gerade wegen der informellen Art dieser Kurzmeetings können die folgenden Schritte den Moderator unterstützen:

- Genaue eigene Vorbereitung auf das Thema ist wichtig. Da der Moderator bei dieser Form fast ausschließlich in der Doppelfunktion Teilnehmer/Chef und Moderator auftritt, ist auch seine fachliche Vorbereitung gefordert.
- Auch von den Teilnehmern ist die notwendige Vorbereitung einzufordern.
- Die Zielsetzung muss klar bekanntgegeben und darf nie aus den Augen verloren werden.

- Beim Abschweifen vom Thema muss der Moderator noch schneller intervenieren.
- Er muss Widerstände und Konflikte rasch erkennen und geeignet darauf reagieren – und zwar wesentlich unmittelbarer und direkter als bei einem „langen" Meeting!
- Die Visualisierung muss an diese Form des Meetings angepasst sein: Ausdrucke wichtiger Infos vorbereiten, Block und Stifte statt Flipchart, PowerPoint an das Bildschirmformat anpassen – je größer und lichtstärker der Laptop-Bildschirm ist, umso besser.
- Notfalls sollte ein zweiter Stehtisch vorgesehen werden, auf dem gerade nicht benötigte Unterlagen abgelegt werden können.
- Den Standort klug wählen: ein geschützter Platz ohne Lärmbelästigung, am besten mit Blick nach draußen, z. B. vor einem großen Fenster – der Blick in die Weite öffnet auch den Geist.
- Trotz aller Spontaneität sollte der Moderator die Einhaltung gewisser Regeln einfordern: ausreden lassen, klare und konkrete Ausdrucksweise etc.
- Ebenso sollte er auf eine genaue Protokollierung der Ergebnisse achten. Diese kann gleich vor Ort am PC, bei Bedarf auch handschriftlich auf einem Stück Papier erfolgen. Die Datei bzw. das vor Ort erstellte Fotoprotokoll (Foto eines handschriftlichen Protokolls oder von sonstigen beim Meeting entstandenen Skizzen und Visualisierungen) verschickt er per E-Mail (oder MMS) an alle Teilnehmer.
- Anfang und Ende der Besprechung klar definieren.

Allen Teilnehmer sollte stets bewusst sein: Auch eine Besprechung im Stehen ist Arbeit und unterscheidet sich von einer lockeren Pausenrunde!

Zusammenfassend finden Sie auf der nächsten Seite eine Checkliste für die Sitzordnung, bei der die oben beschriebenen Faktoren berücksichtigt sind:

Checkliste

Sitzordnung

Bemerkungen

Bin ich als Moderator mit allen Teilnehmern in Blickkontakt?

Sind die Wege zu den Hilfsmitteln kurz?

Haben alle Teilnehmer genügend Platz?

Ist eine direkte Face-to-Face-Kommunikation erforderlich? → U-Form

Sind Diskussionen zu erwarten? → U-Form

Ist der Platz für eine U-Form zu klein? → Klassenzimmer-Form?

Steht eher Information und Schulung im Vordergrund? → „Klassenzimmer", wenn zu viele Teilnehmer für U-Form anwesend

Müssen die Teilnehmer mitschreiben und benötigen daher Tische?

Benötigen die Teilnehmer PCs und weitere Unterlagen?

Geht es um das Informieren ohne Mitschreiben und auch um das Mitarbeiten?

Geht es um Erfahrungsaustausch in einer kleinen Runde ohne Mitschreiben? → auch Sesselkreis möglich

Findet die Besprechung an einem Tisch statt?

Sehen alle Teilnehmer zur Beamer-Projektionsfläche?

Sehen alle Teilnehmer zum Flipchart?

Sehen alle Teilnehmer zur Pinnwand?

Gibt es in der Runde Stammplätze?

Macht es Sinn, diese Stammplätze zu verändern?

Wo ist mein Platz an diesem Tisch?

Ist meine Position eher neutral oder zentral?

Besteht die Möglichkeit, meine Position zu verändern, zu stehen und zu sitzen?

Macht eine Besprechung im Stehen Sinn?

Wo befindet sich der Stehtisch?

– Wie viel Raum bietet er?

– Gibt es zusätzliche Stehtische als Ablageflächen?

– Wohin schauen die Teilnehmer?

Kann auch bei diesem Stehmeeting visualisiert werden?

Der Moderationsplan

Bevor Sie den eigentlichen Moderationsplan festlegen, sollten Sie die Punkte auf der Tagungsordnung reihen und mit einem Zeitbudget versehen. Der Zeitplan ergibt das Gerüst Ihres Moderationsplans, auf dem dann die einzelnen Methoden „befestigt" werden.

Festlegen der Tagungsordnungspunkte

Und so gehen Sie vor:

- Sammeln Sie zunächst **alle Themen** aus der Vorbereitung und listen Sie bei jedem Thema die zu besprechenden Punkte auf – die Reihenfolge ist zunächst noch nicht relevant.
- Bei fix wiederkehrenden Sitzungen gibt es oft **standardisierte Tagungsordnungen**. Das macht auch grundsätzlich Sinn, da diese Routine den Beteiligten die Arbeit erleichtert. Allerdings stellt sich die Frage, ob es nicht bei einzelnen wichtigen Punkten vorteilhaft wäre, diese Routine zu durchbrechen, um die Teilnehmer zu zwingen, in neuen Bahnen zu denken.
- Grundsätzlich reiht ein guter Moderator jene Punkte vor, die der **Kontrolle bzw. dem Überblick** dienen (z. B. Stand der Projekte). Das hilft, zunächst alle Teilnehmer zu aktivieren und sie auch an ihre Verantwortung zu erinnern. Wenn jeder „Rechenschaft" ablegen muss, entsteht eine Art „peer pressure", die die Teilnehmer zu aktivem Handeln zwingt.
- Nehmen Sie die **Reihung nach der Wichtigkeit** der Themen vor. Bedeutende Themen gehören an den Beginn der Veranstaltung, um die Anfangsenergie der Teilnehmer zu nutzen.
- **Informationen bzw. „Allfälliges"** sollten am Ende stehen – so können Sie mithilfe des Zeitdrucks „Vielrednerei" verhindern.
- Zu jedem Punkt sollten Sie, gegebenenfalls gemeinsam mit dem Initiator der Besprechung, überlegen: Weshalb soll dieser Punkt auf die Tagungsordnung? Was würde passieren, wenn er weggelassen würde? So erkennen Sie rasch, ob der Punkt wirklich auf die Tagungsordnung muss. Ist die Bedeutung eines Themas erst einmal evident, fällt die Formulierung des Ziels dazu leichter.
- Eine Grundregel sollten Sie als Moderator stets beachten: **Operative Tagungsordnungspunkte** verlangen eine effiziente Abarbeitung und damit einen sehr praxisnahen Zugang. **Strategische The-**

men verlangen dagegen Kreativität, Freiheit und Ideenfindung ohne Druck. Diese Arbeitsweisen widersprechen sich grundlegend und nur die wenigsten Mitarbeiter sind im Rahmen eines Treffens in der Lage, von einem Stil zum anderen zu wechseln. Daher sollten diese Themenbereiche besser nicht in einer Sitzung kombiniert werden.

Der Zeitplan

Bevor Sie als Moderator nun die anzuwendenden Methoden festlegen, überlegen Sie, über welches Zeitbudget Sie pro Thema verfügen. Übrigens: So logisch und nachvollziehbar das auch scheint – es gibt auch Gegner einer straffen Zeitplanung für die Moderation, speziell bei Strategie-Meetings. Die Argumente lauten:

- Ein straffes Zeitkorsett bremst die Kreativität.
- Manche Teilnehmer benötigen mehr Anlaufzeit und bringen die besten Beiträge erst quasi beim Hinausgehen oder in der anschließenden Kaffeepause.
- Bei komplexen Themen ist es im Vorhinein sehr schwierig bis nahezu unmöglich, den Zeitbedarf pro Thema abzustecken. Wäre das so leicht durchzuführen, wäre die Notwendigkeit des Meetings in Frage gestellt. Ist ohnehin schon alles geklärt, könnte auch via Telefon bzw. E-Mail abgestimmt werden.
- Ein vorweg festgelegtes Zeitbudget wird meist ohnehin überschritten. Daher ist der Zeitplan unglaubwürdig und schmälert die Führungskompetenz des Moderators bzw. der Führungskraft.
- Ein straffer Zeitplan erfordert permanentes und damit störendes Eingreifen des Moderators. Damit wird der Eindruck erweckt, sein Hauptziel sei nicht das Erreichen eines inhaltlichen Ergebnisses, sondern lediglich das Einhalten des Zeitplans.
- Wird das Zeitlimit bei einem Punkt unterschritten, besteht die Gefahr, trotzdem noch unnützerweise bei diesem zu verharren, um den Gesamtzeitplan einzuhalten.
- ... und überhaupt: Ein starker Chef hat als Besprechungsleiter sowieso immer alles im Griff!

Zugegeben, das ein oder andere Argument beinhaltet einen wahren Kern. Eine genaue Zeitplanung sollte nie zum Selbstzweck werden. Doch wer Zeitlimits konsequent ablehnt, muss jedes Meeting mit „open end" ansetzen, was nachweislich zu einer Kultur der Endlossitzungen führt – eine Tatsache, die die Teilnehmer nicht gerade motiviert und eher zu wortreichen Selbstdarstellungsbeiträgen ohne wesentlichen Inhalt animiert.

Daher nun die **Vorteile einer klaren Zeitplanung**:

- Schon bei der Auswahl der Tagungsordnungspunkte wird im Hinblick auf einen Zeitplan rascher entschieden, ob ein Thema auf die Agenda gesetzt werden soll oder nicht, und Unnützes eher weggelassen.
- Die Moderation als Steuerungselement einer Besprechung benötigt eine klare Zeitplanung als Grundlage.
- Die Zeitplanung bestimmt die Auswahl der Methoden und Hilfsmittel.
- Eine Zeitplanung schafft Sicherheit. Die Teilnehmer wissen, was auf sie zukommt, und können auch noch den restlichen Arbeitstag verplanen.
- Zeitplanung strafft die Besprechung. Vielredner und Zeitverzögerer können durch die vorweg festgelegten Spielregeln eingebremst werden.
- Die Effizienz der Veranstaltung wird so erheblich gesteigert.
- Der Moderator beweist Kompetenz und erhöht seine Glaubwürdigkeit, was wiederum seiner Durchsetzungskraft entgegenkommt.

Entscheidend beim Festlegen des zeitlichen Rahmens ist der Planungszeitpunkt. Am besten wird die Zeit dann geplant, wenn alle Tagungsordnungspunkte feststehen und die dazugehörigen Ziele formuliert sind. Anhand der Zielsetzungen lässt sich dann der Zeitbedarf leichter schätzen. Die Pausen werden ebenfalls in den Zeitrahmen einberechnet. Dabei gilt jedoch stets der Grundsatz, entsprechende Pufferzeiten einzuplanen. Meist wird der Zeitbedarf nämlich unterschätzt. Sollte das Zeitbudget doch zu großzügig bemessen worden sein, ist sicher kein Teilnehmer böse, früher als geplant mit der Besprechung fertig zu sein und so Zeit zu „gewinnen".

Erstellen des Moderationsplans

Ein nützlicher Moderationsplan enthält:

- in nummerierter Abfolge alle Bestandteile der Veranstaltung,
- jeweils mit dem dazugehörigen Ziel,
- der zur Zielerreichung geplanten Arbeitsmethode,
- die dafür vorgesehene Zeit,
- die für die geplante Methode notwendigen Hilfsmittel,
- bei Bedarf eine Aufteilung auf zuständige Teilnehmer, wenn außer dem Moderator noch andere Personen für die Leitung verantwortlich sind.

Trotz exakter und manchmal auch umfangreicher Planung sollte ein Moderationsplan stets knapp und übersichtlich gestaltet sein, so dass sich der Moderator auf einen Blick orientieren kann und so den Überblick behält. Abweichungen vom Kurs, vor allem hinsichtlich Zielsetzung und zeitlichem Rahmen, werden damit rasch erkannt und können rechtzeitig korrigiert werden. Die darin angeführten Hilfsmittel dienen vorab der Kontrolle, ob alles Benötigte vorhanden ist, sind also eine Orientierungshilfe für den Moderator. Erfahrene Moderatoren entwickeln ihre eigenen Stichworte und Abkürzungen, um den Moderationsplan möglichst knapp zu halten.

Doch auch der beste Moderationsplan ist manchmal nicht ausreichend für eine erfolgreiche Moderation. Für heikle und schwierige Situationen sollten Sie immer noch die eine oder andere Methoden-Alternative bereithalten. Manchmal ist rasches Reagieren und spontanes Umstellen notwendig, um eine anders als geplant verlaufende Veranstaltung noch zu retten.

Der Moderationsplan ist also ein Gerüst, eine Stütze, aber er sollte nie zum einengenden Korsett werden.

Das Grundschema kann wie folgt aufgebaut sein:

Schritt	Ziel	Methodik	Zeit	Dauer	Hilfsmittel	Wer?

Beispiel eines Moderationsplans für ein Strategie-Meeting

Schritt	Ziel	Methodik	Zeit	Dauer	Hilfsmittel	Wer?
1. Einstieg	Vorstellen, Eröffnen, Erwartungen	Kurzvortrag	08:00	15'	Flipchart mit Programm	A + B
	Jeder ist über den Ablauf orientiert	Ein-Punkt-Abfrage oder mündliche Abfrage			Plakat mit Raster und Frage	
2. Sammeln	Offene Punkte sind gesammelt	Karten-Abfrage	08:15	20'	Plakat/ Pinnwand (Metaplan)	A
3. Auswählen	Thema ist festgelegt	Mehr-Punkt-Abfrage	08:35	10'	Plakat mit Themenspeicher	A oder B
4. Bearbeiten *Pause*	Problem ist analysiert, erste Ansatzpunkte zur Lösung	Problem-Analyse-Schema	08:45	90'	Raster für Schema auf Plakat (z. B. 4 Felder)	A und/ oder B
5. Maßnahmen	Katalog von Maßnahmen ist erstellt, Ergebnisse sind gesichert	Sammeln der Maßnahmen	10:15	60'	Maßnahmenplan Wie wird präsentiert?	A und B
6. Abschluss	Abschluss des Workshops	Stimmungsbarometer	11:15	20'	Visualisierte Frage Barometer Statements	A und B

Spielregeln für alle

Spielregeln bilden den Rahmen, sozusagen das Gerüst für eine gelungene Veranstaltung, egal, ob es sich um eine Ad-hoc-Besprechung, ein Entscheidungs-Meeting, eine Routinesitzung, eine Schulung oder einen Kreativ-Workshop handelt. Ohne klare Regeln endet jede Veranstaltung schnell im Chaos. Emotionen zeigen sich deutlich und Machtkämpfe treten an die Stelle von sachlichen Lösungsfindungsprozessen. Jede Form des menschlichen Zusammenlebens funktioniert mithilfe klar festgelegter Spielregeln. Je mehr unterschiedliche Interessen und Menschentypen aufeinander treffen, desto wichtiger ist es, klare Grenzen zu definieren. Der Moderator trägt dabei die Verantwortung für das konsequente Einhalten dieser Regeln. Er muss jedoch nicht immer selbst derjenige sein, der dies im konkreten Fall einfordert. Genauso gut kann für die jeweilige Veranstaltung eine eigens dafür zuständige Person (z. B. auch der Co-Moderator) definiert werden.

Hilfreich ist es in jedem Fall, entsprechende Spielregeln im Vorhinein zu fixieren und allen bekannt zu geben. Je klarer und unmissverständlicher das geschieht, desto leichter kann im Notfall darauf verwiesen werden. Spielregeln müssen ohne Ausnahme für alle gelten. Ist z. B. der Chef anwesend und setzt sich merkbar über eine vereinbarte Regel hinweg, muss der Moderator reagieren. Lässt er den Chef aufgrund seiner Stellung gewähren, hat er meist für alle anderen Teilnehmer an Glaubwürdigkeit und Autorität verloren.

Spielregeln haben also dann eine Chance auf Beachtung, wenn sie:

- im Vorhinein fixiert werden,
- transparent und klar sind,
- verständlich formuliert sind,
- den Spielraum des Einzelnen definieren und achten,
- von allen akzeptiert werden,
- für alle gleichermaßen gelten,
- von einer zentralen Person „verwaltet" und von dieser Person auch eingefordert werden,
- menschlich nachsichtig, aber sachlich konsequent eingefordert werden,
- für alle Teilnehmer einen erkennbaren Vorteil haben,
- bei Nichtbeachtung mit Konsequenzen einhergehen,
- nicht einschränken, sondern dabei unterstützen, eine gemeinsame Lösung zu finden oder Aufgaben zu bewältigen, und
- nicht zum Selbstzweck werden.

Spielregeln im Vorfeld

„Dienstag, 10:00 Uhr, Besprechung im Sitzungsraum: Es ist immer das gleiche Spiel: Der Chef ruft alle zu sich, die zwei Wichtigtuer in unserer Abteilung liefern sich Wortgefechte, schon nach zehn Minuten weiß keiner mehr, worum es eigentlich geht – reine Zeitverschwendung!"

So oder ähnlich läuft es in manchen uns bekannten Unternehmen. Auf die lapidare Einladung zur Besprechung folgt unweigerlich der innere Monolog der Eingeladenen. Da wird es schwer für einen Moderator, die Besprechung zielgerichtet und effizient zu leiten. Die innere Einstellung aller Teilnehmer ist hier im Vorfeld negativ. Die meisten erscheinen unvorbereitet, entweder bereit zum Kampf oder gleichgültig eingestellt.

Der erste Schritt zur Festlegung von Spielregeln für eine Veranstaltung ist die professionelle **Einladung**. Sie definiert wesentliche Eckdaten, wie Anfang, Ende, Ort etc. Nicht immer ist der Moderator auch für die Einladung verantwortlich. Er sollte jedoch zumindest ein Mitspracherecht haben und vor Versand noch einmal ein Auge darauf werfen können, ob die folgenden Punkte klar aufgeführt sind:

- Titel der Veranstaltung
- Tag und Datum
- Zeit
- Dauer
- Ort und Raum
- Anreise/Parkplatz
- Teilnehmer
- Wer hat die Leitung/Moderation?
- Wer ist für die Protokollführung verantwortlich?
- Tagesordnungspunkte
- Adresse für weitere Auskünfte

Je klarer die Tagungsordnung schon in der Einladung an alle Teilnehmer übermittelt wird, desto eher kommen diese auch vorbereitet zum Meeting. Wer nur eine vage Ahnung hat, worum es gehen wird, der lässt die Dinge einmal auf sich zukommen. Wer jedoch eine klare Zielsetzung, Verantwortliche und Zeitrahmen pro Besprechungspunkt liest, dem wird schon im Vorfeld das Bild vermittelt, dass es sich hier um eine effiziente Besprechung nach gemeinsamen Regeln handelt.

Beispiel einer Einladung mit klarem Verweis auf die Zielsetzung

Nr.	Tagungsordnungspunkt	Ziel	Verantwortlich	Zeitrahmen
1	Suche nach neuen Einkaufsmöglichkeiten für Rohstoff X	Auswahl eines neuen Zulieferers und Festlegen der Konditionen	Max Huber, Einkaufsleiter	10:30–11:00 Uhr

Neben der allgemeinen Tagungsordnungs-Liste erhält jeder Teilnehmer im Anhang gesonderte Vorbereitungsaufträge und dazu erforderliche zusätzliche Unterlagen, Hinweise etc. Es genügt dabei aus unserer Erfahrung nicht, einen sehr allgemein gehaltenen Hinweis wie „Bitte die beigefügten Unterlagen zur Vorbereitung durchzulesen". Konkrete Anweisungen wie z. B. „Bitte bewerten Sie zur Vorbereitung im Vorfeld die in Anhang 3 aufgelisteten Einkaufsvarianten." Bei komplexen Entscheidungen ist es auch sinnvoll, den Teilnehmern vorweg eine Kurzbeschreibung mit folgenden Inhalten zu übermitteln:

- Worum geht es? Hintergrund, Ursprung, Auswirkungen
- Wie ist die derzeitige Situation?
- Wo wollen wir hin?
- Wie lautet die Kernfrage?
- Welche zusätzlichen Fragen ergeben sich dabei?

Zugegeben, diese Form der Einladung erfordert mehr Aufwand als das eingangs angeführte Beispiel. Trotzdem und gerade deswegen zeigt es allen Teilnehmern schon im Vorfeld, wie wichtig die klare Struktur der Besprechung ist und was dabei im Zentrum steht: das Finden von Lösungen und nicht Selbstdarstellung bzw. Machtkämpfe der Teilnehmer.

Eine weitere Regel sollte schon im Vorfeld klar kommuniziert werden: Jeder Teilnehmer ist mitverantwortlich für das Ergebnis. Der Moderator ist verantwortlich dafür, dass ein Ergebnis erreicht wird. *Wie* dieses Ergebnis jedoch aussieht, das liegt in der Verantwortung der Teilnehmer!

Spielregeln für den Einstieg

Die entscheidende Hürde muss gleich zu Beginn überwunden werden: Kommen die Teilnehmer zeitverzögert, unpünktlich oder stehen nochmals auf, um kurz den Raum zu verlassen, kann die Besprechung nicht pünktlich beginnen. Das ist eine für den Moderator heikle Situation, bei der die Gefahr besteht, dass ihm vom ersten Moment an die Zügel aus der Hand gleiten.

Achten Sie daher auf einen pünktlichen Beginn. Bewährt hat sich bei regelmäßig wiederkehrenden Meetings die Einführung eines Anfangsrituals. Diese immer gleiche Handlung signalisiert für alle den pünktlichen Beginn. Ein allen bekanntes Einstiegsritual nach Ihrer Wahl wird damit mehr als eine reine Moderationsmethode, sie wird Teil der Firmenkultur.

Vorschläge für Einstiegsrituale bei Besprechungen
- Der Moderator begrüßt alle Teilnehmer mit Handschlag.
- Er projiziert eine besondere Begrüßungsfolie.
- Er tritt in die Mitte der U-Tafel und begrüßt die Teilnehmer.
- Der Moderator öffnet kurz die Fenster, schließt sie wieder und tritt in die Mitte.
- Er hält eine Tafel mit der Uhrzeit oder dem Wort „Start" in die Höhe.
- Er dimmt das Licht, um die erste Folie besser sichtbar zu machen. Dann wird die Lichtstärke wieder erhöht.
- Ein Gong ertönt.
- Der Moderator begrüßt laut, ruhig und deutlich, z. B.: „Guten Morgen an alle hier in der Runde". Erst nach einer kurzen Pause spricht er weiter.

Diese Rituale sollen nicht steif und disziplinierend wirken, sondern eine klar erkennbare Geste des Anfangs darstellen, die allen die Chance gibt, sich zu sammeln und auf das Kommende zu konzentrieren.

Spielregeln während der Veranstaltung

Die Spielregeln für das „Kernstück", die eigentlichen Arbeitsprozesse, müssen vom Moderator an die Bedürfnisse der jeweiligen Veranstaltung und an die Teilnehmer angepasst werden. Sie sollen die Zusammenarbeit und die produktive Atmosphäre fördern und nicht einengen. Im Idealfall werden sie gemeinsam mit der Gruppe erarbeitet. Das erhöht die Akzeptanz bei allen Teilnehmern und der Moderator tritt nicht als „Dompteur" oder „Erzieher" auf, sondern „verwaltet" vorrangig die auf gemeinsamem Konsens basierenden Regeln.

Wir haben hier einige mögliche Spielregeln aufgelistet. Nicht immer werden alle für Ihren Bedarf geeignet sein. Wählen Sie die für Sie jeweils passenden aus und ergänzen Sie entsprechend.

Mögliche Regeln:

- **Beginn und Ende**: Open-End-Besprechungen sind meist nicht so effizient wie klar begrenzte Meetings. Wer schon im Vorfeld mit einem längeren Meeting rechnet, erscheint schlechter vorbereitet und unkonzentriert. Beginn- und Endzeiten sollten daher von allen Beteiligten strikt respektiert werden.

- **Pausenzeiten:** Mehrere kleine Pausen sind besser als eine überlange Mittagspause, die die meisten dann zum Arbeiten nützen. Wenn wir von der durchschnittlichen Aufmerksamkeitsspanne von ca. sieben Minuten (Tendenz fallend!) ausgehen, ist es für den Output einer Veranstaltung entscheidend, wie oft die Teilnehmer ihre Speicher wieder auffüllen können. Außerdem ermöglichen feste Pausenzeiten den Teilnehmern, ihre Telefonate/Mails zu organisieren. Es kann zusätzlich auch vereinbart werden, dass Teilnehmer während der Besprechung Kurzpausen in Eigenregie vorschlagen.

- **Pünktlichkeit** sowohl am Anfang, nach den Pausen als auch bei den Endzeiten: Wer andere warten lässt, beweist damit mangelnden Respekt. Wartet der Moderator, bis die (wichtige) Person verspätet erscheint, stiehlt er allen anderen die Zeit.

- **Verpflegung:** Mit Ausnahme von Getränken wie Wasser sollte grundsätzlich zwischen Essen und Arbeiten unterschieden werden. Bewusste Einhaltung von Pausenzeiten ist gerade auch für kreative Prozesse notwendig. Wer, während er gerade isst, plaudert, wirkt weniger konzentriert und ist durch das Essen oftmals abgelenkt. Essgeräusche und entsprechende Gerüche wirken schnell störend. Sind Sie auch schon einmal einem Teilnehmer gegenübergesessen, der nach dem Vertilgen einer Mandarine sich zunächst genüsslich die Finger leckt, bevor er sich die Hände mit einem vom Sitznachbarn organisierten Taschentuch reinigt, um dann den Rest der Sitzung damit zu verbringen, die Mandarinenschalen in immer kleinere Stücke zu zerteilen?

- **Regeln für Raucher**: Definieren Sie im Vorfeld klar, wo und wann geraucht werden darf. Die meisten Büro- und Seminarräumlichkeiten sind mittlerweile strikte Nichtraucherzonen, was dazu führt, dass von den Rauchern längere Wege zurückgelegt werden müssen, um ihrem Laster (oft im Freien, vor der Haustüre) zu frönen. Das Bild, das solche „Raucher-Trauben" vor den Gebäudeeingängen abgeben, ist kein sehr vorteilhaftes. Zielführender ist es daher, einen alternativen, abgetrennten Raum (durchaus im Freien) zu definieren. Beachten Sie dabei im Sinne von Fair-Play, dass die Raucher keine längeren Pausen zugestanden bekommen als die Nichtraucher. Ständiges Zuspätkommen der Raucher aus ihren abgelegenen Raucherecken kann im Sinn der anderen und im Sinn der gemeinsamen Arbeitshaltung nicht akzeptiert werden.

- **Abschalten von Handys und anderen elektronischen Kommunikationsmitteln:** Es ist ein Zeichen von Respekt, während einer Veranstaltung nicht nebenher elektronisch zu kommunizieren. Diese so logische und einfache Anstandsregel ist die wohl am meisten missachtete in unserem heutigen Leben. Viele meinen, so ihre vermeintliche Wichtigkeit unter Beweis stellen zu müssen. Oder sie wollen beweisen, wie effizient sie durch ihr „Multi-Tasking" sind. Genau das Gegenteil ist der Fall: Wer zwei Dinge gleichzeitig tut, tut dies auf Kosten der Qualität! Weder für den Sprecher vor Ort noch für den Kommunikationspartner am anderen Ende bleibt genügend Aufmerksamkeit. Genau diese Teilnehmer sind es, die oft unterbrechen, um nach Dingen zu fragen, die eben gerade besprochen wurden – nur waren sie leider gerade abwesend, in einer anderen Kommunikationswelt unterwegs.

- **Wohin mit den Handys?** Bei firmeninternen Veranstaltungen kann der Moderator durchaus verlangen, die Mobiltelefone auch außerhalb des Sichtbereichs zu deponieren, um sich voll und ganz auf das Thema konzentrieren zu können.

- **Verwenden von PCs**: In manchen Besprechungen ist es durchaus sinnvoll, wenn sich die Teilnehmer die zu den Tagungsordnungspunkten nötigen Dateien immer wieder auf ihr Arbeitsgerät holen. Wo dies jedoch nicht der Fall ist, kann durch einen während einer Veranstaltung geöffneten und verwendeten PC das ungute Gefühl entstehen, dessen Benutzer beschäftige sich gerade intensiv mit anderen Dingen. Vereinbaren Sie daher als Moderator klar, wie und wann die PCs erforderlich sind. Gerade manche Kreativprozesse erfordern ein Denken ganz ohne Tastatur!

- **Teilnehmer, die später kommen oder früher gehen müssen**: Ein direkter Hinweis auf später kommende, früher weggehende und entschuldigte Teilnehmer ist notwendig. Wenn der Moderator nicht erklärt, warum manche Teilnehmer erst später oder gar nicht erscheinen, wird das oft fälschlich als Disziplinlosigkeit gewertet, was die aufgestellten Spielregeln untergräbt. Der Moderator signalisiert mit einem Hinweis, dass dieses Vorgehen mit ihm abgestimmt ist und er so die Führung klar in der Hand hat.
- **Visualisierung des Ablaufs**: Jeder Teilnehmer will den „Fahrplan" und die genaue Vorgehensweise der Veranstaltung kennen. Das schafft den Rahmen und gibt Sicherheit. Es ist daher von Vorteil, wenn dieser Fahrplan gut sichtbar für alle vorliegt oder im Raum zu sehen ist.
- **Vorbereitung der Teilnehmer**: Wurden die Teilnehmer im Vorfeld gebeten, eine Unterlage zu bearbeiten und an den Moderator zu senden, kann dieser allen Anwesenden Feedback geben, wie viele Unterlagen eingetroffen sind. Es geht dabei nicht darum, einzelne „säumige" Mitarbeiter anzuprangern, sondern darum, denjenigen, die ihre Vorarbeiten geleistet haben, auch eine (verstärkende) positive Rückmeldung zu geben. Lob motiviert bekanntlich mehr als Kritik – noch dazu vor Publikum. Dabei ist es auch die Aufgabe des Moderators, allen Teilnehmern klar zu machen, dass es in ihrem Interesse ist, wenn ihre Beiträge in das Endergebnis einfließen. Gut vorbereitete Teilnehmer sind nun einmal die wichtigste Grundlage für eine effiziente Besprechung.
- **Wann ist Raum für Diskussionen?** Legen Sie den Zeitpunkt für offene Debatten zum Thema fest. So können Sie plötzlich aufbrandende Wortgefechte sachlich, aber bestimmt, auf genau diesen Zeitpunkt verschieben.
- **Zusammenfassung**: Definieren Sie, wie zusammengefasst wird und wer diese Aufgabe übernimmt. Diese Regel gibt allen Teilnehmern die Sicherheit, den Überblick zu bewahren und rechtzeitig abklären zu können, wenn ein Beitrag missverstanden wurde. Das schafft Transparenz und Effizienz.

- **Wer führt Protokoll?**: Dies sollte unbedingt schon im Vorfeld und nicht erst zu Sitzungsbeginn geklärt werden. Nur ein unvorbereiteter Moderator „verdonnert" im letzten Moment denjenigen, der sich am wenigsten wehren kann, zu dieser Aufgabe. Protokollführung ist nicht nur Knochenarbeit, sondern ein essenzieller Beitrag zur Effizienzsteigerung von Meetings.

Kommunikationsregeln

Eine effiziente Moderation erfordert besonders im Bereich der Kommunikation zwischen den Teilnehmern klare Rahmenbedingungen. Speziell in internen Besprechungen, in denen der Umgangston oftmals eher leger ausfällt, ist dies entscheidend.

Mögliche Kommunikationsregeln:
- Jeder Teilnehmer darf ausreden.
- Jeder Teilnehmer fasst sich kurz.
- Jeder Teilnehmer formuliert einfach, klar und verständlich.
- Jeder Teilnehmer begründet seine Argumente und Fragen.
- Jeder Teilnehmer sagt konkret, was er meint („ich" statt „man").
- Jeder Teilnehmer spricht für sich und nicht für andere.
- Jeder Teilnehmer fasst das Argument des anderen mit eigenen Worten zusammen, bevor er weiterspricht oder widerspricht.
- Jeder Teilnehmer versucht stets für sich, Sache und Emotion zu trennen.
- Jeder Teilnehmer unterscheidet in seinen Wortmeldungen zwischen subjektiver Meinung und objektiver Tatsache.
- Wer anderer Meinung ist, stellt das Weiterführende seiner Idee heraus, um das Gespräch voranzutreiben und „Im-Kreis-Reden" zu vermeiden.
- Jeder Teilnehmer formuliert wertschätzend.
- Es wird nicht ÜBER sondern ZU den Teilnehmern gesprochen.
- Jeder Teilnehmer spricht nicht länger als eine Minute.
- Es redet immer nur ein Teilnehmer.

Im Bereich Kommunikation ist es oft schwer, Regeln einzuhalten. Zu sehr mischt sich die Emotion ins Geschehen. Daher werden diese Regeln für Sie vermutlich etwas zu ambitioniert klingen. In der Hitze des (Wort-)Gefechts werden sie sicher nicht immer eingehalten werden. Wenn Sie als Moderator aber diese Regeln erst gar nicht aufstellen, dürfen Sie auch keine geordnete Gesprächskultur erwarten. Überlegen Sie daher, solche Grundsätze einzuführen und immer wieder sachlich einzufordern. Wenn alle einmal den Vorteil dieser Vorgehensweise erkannt haben, ist meist der erste Schritt zu einer effizienten und inspirierenden Besprechungskultur getan.

Spielregeln für den Abschluss

Setzen Sie als Moderator auch klar erkennbare Signale für das Ende der Veranstaltung. Verhindern Sie so, dass einzelne Teilnehmer früher gehen oder sich einfach mehr oder weniger merkbar „davonstehlen". Sollten einzelne Teilnehmer früher weg müssen, sprechen Sie das als Moderator an und machen Sie eine bewusste Pause, wenn der jeweilige Teilnehmer den Raum verlässt, verabschieden Sie sich von Ihrem Moderationsplatz aus und führen Sie dann ungestört die Veranstaltung zu Ende. Es muss für alle anderen Teilnehmer klar und transparent erkennbar sein, dass sich diese Person nach zuvor getroffener Absprache entfernt.

Der Moderator klärt am Schluss noch offene **administrative Fragen**:
- Welche Punkte sind offen geblieben und werden für die nächste Veranstaltung vorgemerkt?
- Ist der Themenspeicher vollständig?
- Wer macht was bis wann (To-do-Liste)?
- Sonstige Nacharbeiten
- Spielregeln zur Protokollverteilung und -genehmigung
- Versand oder Verteilen weiterer Unterlagen wie Teilnehmerbestätigungen etc.
- Terminerinnerungen
- Weitere informelle Hinweise (z. B. Abreise etc.)

Planen Sie das Ende der Veranstaltung, egal, ob Workshop, Schulung oder Besprechung, immer etwas früher als angegeben. So haben Sie Puffer für Last-Minute-Beiträge. Sollten Sie tatsächlich fünf bis zehn Minuten früher fertig sein, umso besser: Es hat sich wohl noch nie ein Teilnehmer beschwert, wenn er ein paar Minuten gewonnen hat.

Der eigentliche Abschluss erfolgt mit einem Dank an alle Teilnehmer für die intensive Mitarbeit und einer persönlichen Verabschiedung. Auch der letzte Eindruck zählt. Egal, wie heftig und emotional die Veranstaltung verlaufen ist, das Ende sollte immer wertschätzend und konstruktiv erfolgen. Schließlich bildet es ja die Grundlage für die nächste Zusammenkunft.

Für Ihre Vorbereitung hier eine Übersicht zum Erstellen der Spielregeln:

Checkliste

Spielregeln

Bemerkungen

Gibt es schon Spielregeln?

Sind diese Regeln allen Teilnehmern bekannt?

Sind die Spielregeln schriftlich festgehalten?

Gibt es Konsequenzen bei deren Missachtung?

Sind die Einladungen klar und vollständig?

Gibt es ein Begrüßungs-/Einstiegsritual?

Werden die Zeiten von allen pünktlich eingehalten?

Sind die Verpflegungsregeln klar?

Gibt es Regeln für Raucher?

Gibt es Regeln fürs Handy?

Gibt es Regeln für die PC-Verwendung?

Wie wird mit „Zu-spät-Kommern" und „Früher-Weggehern" umgegangen?

Gibt es Regeln zur individuellen Vorbereitung der Teilnehmer?

Gibt es Diskussionsregeln?

Ist die Protokollierung geregelt?

Gibt es klare Kommunikationsvorgaben?

Gibt es Spielregeln für den Abschluss?

Wie setze ich Spielregeln durch?

Bei Nichteinhalten von Spielregeln ist es eine heikle, aber entscheidende Aufgabe des Moderators, diese durchzusetzen. Sollten Sie im Vorfeld einen eigenen Verantwortlichen als „Regelwächter" bestimmt haben, ist es zielführend, sich mit diesem vorab darüber zu einigen, wie die festgelegten Spielregeln eingehalten werden. Die Konsequenz in der Einhaltung richtet sich hauptsächlich nach der Art der Veranstaltung. Wer einen einmaligen kurzen Schulungsworkshop hält, an dem unterschiedlichste Personen teilnehmen, wird weniger konsequent agieren müssen, als wenn es sich um eine periodisch wiederkehrende Besprechung in einem Unternehmen handelt.

Die **Konsequenz der Durchsetzung** richtet sich daher ...
- nach der **Dauer der Veranstaltung**. Einen Kurzvortrag moderiere ich auch ohne umfangreiche Spielregeln. Eine mehrtägige Veranstaltung muss hingegen nach klaren Richtlinien ablaufen.
- nach dem **Personenkreis**. Bei firmeninternen Veranstaltungen ist wesentlich mehr Konsequenz gefragt, da gruppendynamische Prozesse eine größere Rolle spielen. In jedem Fall ist der Umgang mit Regeln Teil der Unternehmenskultur.
- nach der **Frequenz**. Bei mehrmals wiederkehrenden Veranstaltungen sind Disziplin und das Einhalten von Regeln auch als Lernprozess für die Gruppe zu verstehen. Konsequenz in Bezug auf Spielregeln lohnt sich hier besonders. Mit der Zeit werden Spielregeln zum selbstverständlichen und festen Bestandteil der Besprechungskultur.

Die Konsequenz sollte sich aber nicht nach der Wichtigkeit der Teilnehmer richten: Regeln gelten auch für hohe Tiere!

Tipps zum Durchsetzen von Spielregeln
- Spielregeln haben dann eine Chance, akzeptiert zu werden, wenn sie konsequent eingehalten und immer wieder betont werden. Wer seinen eigenen Spielregeln zuwiderhandelt, indem er nachgibt, wird unglaubwürdig.
- Pünktlichkeit muss beim Moderator beginnen. Wenn er sich nicht an die vereinbarten Zeiten hält, kann er das auch nicht von den anderen einfordern.

- Zu-spät-Kommende nicht offen bloßstellen („Ah, wunderbar, Herr Müller hat auch schon den Weg zu uns gefunden, Applaus!"). Besser ist es, eine Sprechpause zu machen, den Neuankömmling kurz zu begrüßen und dann wortlos zu warten, bis er Platz genommen hat. Die Stille, in der alle Anwesenden die Blicke auf ihn richten, ist oft wirkungsvoller und damit „pädagogisch wertvoller" als zynische Bemerkungen.
- Ähnliches gilt für die Mobiltelefon-Süchtigen. Wer trotz anfänglicher Aufforderung dazu sein Handy nicht leise gestellt hat und dann auch noch beginnt zu telefonieren, der sollte mit sofortiger Stille bedacht und damit ins Zentrum der Aufmerksamkeit gerückt werden. Das ist (fast) jedem Menschen unangenehm, er wird sich entschuldigen und somit sein Fehlverhalten ändern. Tut er dies nicht, empfehlen wir, ein klärendes Gespräch unter vier Augen zu führen.
- Wer während der Veranstaltung seinem Laptop mehr Aufmerksamkeit schenkt als seiner Umgebung, sollte zunächst freundlich eingeladen werden, sich dem Live-Geschehen zu widmen: „Sie finden alle notwenigen Fakten in den Unterlagen. Darf ich Sie einladen, sich an der Diskussion zu beteiligen?" Wer sich dann mit einem gestammelten: „Ich wollte nur kurz ..." entschuldigt und trotzdem bei seinem Verhalten bleibt, den darf der Moderator durchaus angemessen ersuchen, die wichtigen Arbeiten außerhalb des Raumes durchzuführen – auch in seinem Interesse, weil er sich dann dieser offensichtlich wichtigen Tätigkeit besser widmen kann. Wenn dieses Verhalten der eigene Chef zeigt, wird die Sache besonders heikel ...
- Bei periodisch stattfindenden Besprechungen ist es oft schwieriger, die Teilnehmer zur vorherigen Einarbeitung und Vorbereitung auf die einzelnen Tagungsordnungspunkte zu veranlassen. Als Moderator kann ich es jedoch den „Unvorbereiteten" schwerer machen, indem ich sofort mit der Diskussion beginne und nicht erst umfangreich ins Thema einführe. Lassen Sie daher in diesem Fall das Zeigen von einleitenden und erklärenden Folien sowie das Verlesen erklärender Texte weg. Das würde den Unvorbereiteten die Chance geben, „ad-hoc" mitzudiskutieren, auch wenn sie nur über Halbwissen verfügen und so die Effizienz senken. Wer zumindest am Anfang

der Besprechung sprachlos bleiben muss, wird sich das nächste Mal besser vorbereiten. Wer als Moderator versucht, zu Beginn alle Teilnehmer auf den gleichen Wissensstand zu bringen, indem er umfassend informiert, bestraft somit diejenigen, die sich vorbereitet haben und nun gezwungen sind, sich schon Bekanntes anzuhören.

- Sprechen Sie als Moderator direkt mit dem „Störenfried": Spiegeln Sie ihm seine Außenwirkung, machen Sie ihm deutlich, wie sein Verhalten von den anderen wahrgenommen wird, welches Image er sich damit in der Gruppe schafft. Das überzeugt mehr als ein kategorisches „Du musst!".
- Werden die Kommunikationsregeln missachtet, sind klare Interventionsmaßnahmen des Moderators gefragt. Wir verweisen dazu auf die Tipps in Kapitel 3 unter „Wenn es ernst wird: Interventionstechniken für den Moderator".

Aus unserer Sicht genügt es nicht, ein ausgeklügeltes Regelwerk zu erstellen und dann zu hoffen, eine störungsfreie Moderation durchziehen zu können. Je mehr Regeln aufgestellt werden, umso mehr können auch gebrochen werden. Verkommt die gesamte Veranstaltung zu einem permanenten Einfordern von Regeln, wird der Output sicherlich gering sein und sich die Teilnehmer alles andere als wohlfühlen.

Tipp

Stellen Sie als Moderator besser wenige Spielregeln auf und achten Sie dabei stets auf einen Konsens mit den Teilnehmern. Handeln Sie auch hier wieder nach dem bewährten Grundsatz: „So viel wie nötig und so wenig wie möglich!"

Visuelle Hilfen

Durch Visualisierung den Überblick behalten

Je lebhafter eine Veranstaltung, je produktiver eine Besprechung, desto komplexer werden die Zusammenhänge. Daher ist es zielführend, die Ergebnisse festzuhalten, zu veranschaulichen und damit den Überblick für alle zu gewährleisten. Visualisieren ist daher eines der wichtigsten Hilfsmittel für eine gelungene Moderation. Bilder erhöhen die Aufmerksamkeit und den Erinnerungswert. Eine einfache Grafik fördert die Verständlichkeit und erleichtert die Konzentration auf die Sache. Der Moderator sollte immer wieder Zwischenergebnisse und Zusammenhänge auf dem Flipchart visualisieren, auch ohne herausragende Zeichenkenntnisse. Es geht nicht um Perfektion, es geht um Dynamik und Veranschaulichung. Ausschließlich mit vorgefertigten PowerPoint-Folien zu visualisieren, verleitet leicht zum passiven Berieselnlassen durch die Teilnehmer.

Eine lückenlose Visualisierung des Ablaufs ist eine Grundlage für die Dokumentation und das Protokoll. Wurden alle entscheidenden Ergebnisse auf Flipcharts festgehalten, reicht oft schon ein Fotoprotokoll als endgültige Dokumentation.

Ein guter Moderator überlegt daher schon im Vorfeld genau, welche Bereiche der Veranstaltung sich zur Visualisierung eignen. Je nach Art und Dauer der Moderation sind hier die Erfordernisse unterschiedlich. Einiges lässt sich gut vorbereiten, aber im Unterschied zu einer Präsentation, einem Vortrag oder einer Schulungsveranstaltung lebt die Moderation von spontanen Visualisierungen. Trotzdem macht es Sinn, sich im Vorhinein einige Varianten zu überlegen:

- Was werde ich visuell festhalten?
- Welche Visualisierungsstandards gibt es bei unternehmensinternen Besprechungen?
- Welche meiner Moderationsmethoden erfordern visuelle Unterstützung?
- Welches Medium ist für welche Visualisierung geeignet?
- Welche Visualisierungen kann ich als Alternative vorbereiten?

Was muss oder kann visualisiert werden?

- **Thema und Ziel:** Um alle Teilnehmer zu Beginn einzustimmen, ist es vorteilhaft, das Thema und die Ziele der Besprechung/Veranstaltung zu visualisieren. Besonders auf die Zielsetzung soll auch zwischendurch immer wieder hingewiesen werden, was auf rein akustischem Wege nicht so effektiv geschehen kann. Das Ziel, schriftlich festgehalten und für alle jederzeit ersichtlich, wirkt wie ein visueller Anker, der immer wieder zeigt, wo die Gesprächsrunde hinziehen soll.
- **Ablauf und Zeitplan:** Eine Ablauf-Visualisierung gibt den Teilnehmern einen Überblick und schafft Sicherheit. Jeder kennt den Rahmen, weiß, welcher Punkt als Nächstes kommt und wann die nächste Pause bzw. das Ende der Veranstaltung eingeplant ist.
- **Erwartungen und Anregungen der Teilnehmer:** Besonders bei längeren Veranstaltungen ist es entscheidend, dass sich alle Teilnehmer vom ersten Moment an ernst genommen fühlen. Ein guter Moderator wird daher zu Beginn die Erwartungen aller in Kurzform wertschätzend festhalten. Fasst er ähnliche Wortmeldungen zu einem Stichwort/Statement zusammen, ist es aus gruppendynamischen Gründen hilfreich, die jeweiligen Teilnehmer um ihre Zustimmung zu ersuchen.
- **Fragenspeicher:** Im Rahmen von Besprechungen können wesentliche Anregungen und vor allem Fragen z. B. auf einem eigenen Flipchart festgehalten werden. So gehen Fragen und Inhalte nicht verloren, auch wenn sie im Moment nicht behandelt werden können, da sie nicht direkt zum Besprechungspunkt gehören, Informationen dazu fehlen oder den Zeitrahmen sprengen würden.
- **Themenspeicher:** Alle Themen, die zum Überthema passen, werden vom Moderator festgehalten und entweder als Grundlage für die nächste Tagungsordnung herangezogen oder, wenn sie sofort behandelt werden sollen, von den Teilnehmern z. B. mit Punkten bewertet und damit gereiht.
- **Zusammenhänge:** Werden die Sachverhalte komplexer, hilft oft eine einfache Grafik, um die besprochenen Punkte rasch zu veranschaulichen.
- **Vorschläge:** Gibt es mehr als drei Vorschläge, über die bei einer Besprechung entschieden werden soll, können die Teilnehmer den Überblick verlieren. Da hilft eine knappe schriftliche Visualisierung.

- **Facts & Figures**: Gibt es Informationen in Form von Statistiken, Grafiken etc. zu einem Thema, dann ist es sinnvoll, diese auch in Bildform zu präsentieren und bei Bedarf den Teilnehmern als Handout zu übergeben.
- **Ergebnisse der Arbeitsmethoden**: Gewisse Moderationsmethoden erfordern eine Visualisierung. Nur so können die Ergebnisse der Arbeitsschritte festgehalten und gesichert werden.
- **Ergebnisse**: Alle erarbeiteten Ergebnisse werden festgehalten und damit nochmals allen vor Augen geführt.
- **Spielregeln**: Manchmal macht es Sinn, zumindest die wichtigsten Regeln gut sichtbar im Raum anzubringen. Dann reicht oft schon eine Geste des Moderators in diese Richtung, um deutlich zu machen, dass eine Verhaltenskorrektur erforderlich ist.

Welche Medien stehen zur Auswahl?

Der Laptop mit oder ohne Beamer

Der Laptop ist aus den Besprechungs- und Vortragsräumen unserer Arbeitswelt nicht mehr wegzudenken. Jeder beliebige verfügbare Inhalt lässt sich mehr oder weniger zusehergerecht „an die Wand werfen". Umfangreiche Dateien stehen auf Knopfdruck zur Verfügung, Zahlenmaterial, Grafiken, Tabellen, Diagramme, animiert oder mit Ton hinterlegt, ja auch Videos und Live-Aufnahmen lassen sich mithilfe des PCs in die Moderation einbauen. Alles kann gut vorbereitet werden und der Kreativität des Moderators sind hier kaum Grenzen gesetzt. Doch genau darin liegt auch die Gefahr: Eine Veranstaltung mit Laptop-Einsatz verkommt schnell zur Folien-Schlacht, zum reinsten PowerPoint-Rodeo. Setzen Sie daher als Moderator sowohl PC als auch PowerPoint sparsam und überlegt ein. Achten Sie auch stets darauf, dass der Raum in diesen Fällen nicht zu sehr verdunkelt wird. Schließlich sind Sie nicht im Kino, sondern in einer Veranstaltung, an der alle aktiv teilnehmen sollen!

Vorteile einer PowerPoint-Präsentation
- Hintergrundinformationen können vermittelt werden.
- Visuelle Hilfen können gut vorbereitet und ausgearbeitet werden.
- Auch komplexe Sachverhalte können übersichtlich dargestellt werden.
- Die Folien können auch als Handouts für die Teilnehmer verwendet werden.

- Ist eine effiziente Methode, Wissen zu vermitteln
- Auch in größerem Teilnehmerkreis anwendbar
- Kann auch zur Protokollierung vor Ort verwendet werden; alle haben dann sofort Einblick ins Protokoll und können es gemeinsam „absegnen".

Nachteile
- Zu umfangreicher Folieneinsatz überfordert die Teilnehmer und ermüdet die Augen.
- Die Folien sind oft nicht betrachtergerecht: zu kleine Schrift, zu viele Animationseffekte, überladene Seiten.
- Die Teilnehmer werden in die Passivität gedrängt.
- Die Verdunkelung zur besseren Lesbarkeit der Folien schläfert zusätzlich ein.
- Eine PowerPoint-Präsentation ist immer linear geplant. Der Mensch denkt und agiert in einer Besprechung jedoch nicht linear, sondern macht Gedankensprünge. Dieses Medium kann dem dynamischen Prozess daher oft nicht gerecht werden.
- Die Abhängigkeit des Moderators von der Technik ist groß. Ist er nicht so geübt im Umgang mit dem Beamer, fehlt ein Kabel oder fällt der Beamer ganz aus, muss er improvisieren.
- Es ist immer nur eine Folie sichtbar: Inhalte anderer Folien sind somit nicht mehr präsent.
- Die Form ist oft wichtiger als der Inhalt.
- Viele Mitarbeiter sind endlosen Folien-Präsentationen gegenüber schon negativ eingestellt, weil derzeit wohl kein anderes Medium so häufig „missbraucht" wird.

Das Flipchart
Das Flipchart fungiert wie ein großer, für alle einsichtiger Notizblock. Die Handhabung ist einfach und nachvollziehbar. Informationen und Ergebnisse können sichtbar gemacht und weiterbearbeitet werden. Dieses Medium wirkt dynamisch und kann jedem beliebigen Veranstaltungsverlauf gut angepasst werden. Aus unserer Sicht ist es ein unverzichtbares Hilfsmittel einer guten Moderation. Obwohl sich das Flipchart sehr gut für spontane Visualisierungen eignet, gilt auch hier: Sein Einsatz will gut überlegt und vorher geplant sein. Beachten Sie einen wichtigen Grundsatz, den Sie als

Moderator zu Ihrem Vorteil nutzen können: Wir Menschen schenken allem, was sich bewegt, automatisch Beachtung. Dem kann sich kaum ein Teilnehmer entziehen. Der Moderator hat daher die volle Aufmerksamkeit, wenn er am Flipchart zeichnet, vervollständigt, schreibt und somit live agiert. Ausgangspunkt kann eine unvollständige oder sogar falsche Skizze sein, die dann während der Moderation ergänzt oder korrigiert wird – entweder vom Moderator selbst nach Rückfrage an die Teilnehmer („Ist das so OK?") oder von den Teilnehmern direkt.

Vorteile
- Spontanes Mitschreiben von Ideen und Aufzeichnen von Zusammenhängen ist möglich.
- Die Filzstifte sind kontraststark, die Grundfarben können gut eingesetzt werden.
- Die Wirkung ist plakativ, die Inhalte meist gut nachvollziehbar.
- Die einzelnen Plakate können im Raum aufgehängt werden. So wird die geleistete Arbeit sichtbar, was motivierend wirkt.
- Die dargestellten Inhalte können stets ergänzt und durch Symbole, Unterstreichen, Einkreisen etc. erweitert werden.
- Jeder Teilnehmer, jede Arbeitsgruppe kann Flipcharts erstellen und auf diese Weise seine/ihre Ergebnisse für die anderen sichtbar machen.
- Die nicht ganz perfekte Gestaltung und die unterschiedlichen Handschriften spiegeln die Arbeitsatmosphäre wider, machen die Inhalte besser nachvollziehbar als perfekt vorgefertigte Folien.
- Einige Moderationsmethoden sind ohne Flipchart nicht durchführbar.
- Die einzelnen Bögen lassen sich für das Fotoprotokoll fotografieren und sind ein wesentlicher Bestandteil der Dokumentation.

Nachteile
- Wird die Schrift zu klein und damit unleserlich, dient dies dem Arbeitsprozess wenig. Der Moderator muss nicht „schön" schreiben, aber leserlich!
- Der Vorteil der erarbeiteten Plakate kommt nur zum Tragen, wenn auch Platz vorhanden ist, sie aufzuhängen. Das vom Firmenchef neu erworbene Kunstwerk eignet sich nicht als Plakatwand!

- Das Medium erfordert „spontane" Kreativität. Ein guter Moderator übt daher schon im Vorfeld, wie komplexere Zusammenhänge als einfache Grafik dargestellt werden können.
- Flipcharts sind grundsätzlich eher wackelige Gestelle auf drei Beinen. Will ein Moderator sie verschieben, krachen sie schon einmal laut zusammen. Daher vorher immer ausprobieren, wie das Gestell verrückt werden kann.
- Der Flipchart-Stift wird manchmal vom Moderator während der gesamten Moderation in der Hand behalten. Das verleitet leicht zu oberlehrerhaftem „Gefuchtel". Die Teilnehmer erleben den Stift quasi als Waffe.
- Wer nicht aufpasst, hat in der Hitze des (Schreib-)Gefechts schnell seine Finger voller Filzstiftfarbe. Diese ist nicht nur wenig schmückend, sondern auch schwer abwaschbar, wie wir aus eigener Erfahrung wissen.
- Beschriebene Flipcharts der Vorveranstaltung sind „Aufmerksamkeits-Killer". Die Teilnehmer versuchen, den Inhalt zu lesen sowie zu raten, wer da zu welchem Thema was bearbeitet hat, und verpassen so den Einstieg des Moderators.

Die Pinnwand oder Moderationstafel

Auch die Moderationstafel oder Pinnwand ist für eine gute Moderation unverzichtbar, da sie mit dem Flipchart kombinierbar ist, indem einzelne Bögen daran befestigt werden können. Die Pinnwand bzw. auch die Wandtafel bzw. Endlostafel ist jedoch wesentlich mehr als bloß eine „Verlängerung" des Flipcharts. Die Pinnwand dient auch dem Anheften von Kärtchen sowie von Papierobjekten, Fäden u. a. m. Überprüfen Sie vor der Moderation bei Mehrzweck-Moderationstafeln die vielfältigen Möglichkeiten und Funktionen durch die verschiedenen Tafeloberflächen (z. B. auch magnethaftend) bzw. nutzen Sie die möglichen Formate (Hoch- oder Querformat). Bei manchen Veranstaltungen (z. B. bei Großgruppenveranstaltungen) sind auch Moderationstafeln, die miteinander verkettbar sind, von Vorteil.

Vorteile

- Das Sammeln/Ordnen/Verändern von Informationen ist möglich.
- „Kerninhalte" können auf Karten vorbereitet werden.
- Die Informationen können jederzeit umgruppiert werden.

- Das Medium ist flexibel und spontan einsetzbar.
- Es kann mit einem großen Papierbogen zu einem überdimensionalen Flipchart umgewandelt werden.
- Dient auch als Galeriefläche für Plakate.
- Die Pinnwand kann als improvisierter Raumtrenner bei Gruppenarbeiten bzw. bei Telefonübungen eingesetzt werden.
- Eine Pinnwand wiegt nicht viel, kann auch von einer Person leicht bewegt werden.

Nachteile

- Manche Teilnehmer schreiben auf den Kärtchen viel zu klein, daher sind die Informationen oft schlecht lesbar.
- Der Einsatz dieses Mediums erfordert viel Bewegung: Sammelt der Moderator die einzelnen beschriebenen Karten ein, ist er viel „unterwegs" und muss der Gruppe oft den Rücken zuwenden. Hängt jeder selbst seine Kärtchen auf, herrscht Unruhe im Raum.
- Der Einsatz ist daher manchmal langwierig, da es einige Zeit in Anspruch nimmt, bis alles festgepinnt, umgruppiert etc. ist.
- Ungeübte „Pinner" tun sich schwer, ein Kärtchen in dem Material der Pinnwand zu platzieren. Das gelingt nur mit Schwung und birgt immer die Gefahr in sich, die gesamte Wand zum Kippen zu bringen.
- Eine Pinnwand benötigt Platz und wird oft – da als unschön empfunden – in einen Abstellraum verbannt.

Whiteboard bzw. Copyboard

Das Prinzip dieser Medien entspricht der guten alten Schultafel. Ähnlich wie beim Flipchart werden Inhalte spontan und für alle ersichtlich festgehalten, allerdings mit eigenen abwischbaren Stiften. Aufgrund der verschiedenen Formate lassen sich auch großflächige Darstellungen verwirklichen. Allerdings ist der Inhalt nach dem Ablöschen auch wieder weg, so er nicht vorher fotoprotokolliert oder kopiert wurde.

Beim Copyboard werden Inhalte automatisch festgehalten und können darüber hinaus über einen Beamer an die Wand projiziert werden. Dieses eher neue Medium ist jedoch technisch schon wieder etwas aufwendiger und daher nicht in vielen Besprechungsräumen vorhanden.

Vorteile
- Einfache Handhabung
- Sehr spontan einsetzbar
- Eine große Fläche steht zu Verfügung.
- Fehler/Verschreiben kann rasch korrigiert werden.
- Während einer Besprechung nach dem Löschen jederzeit wieder verwendbar
- Gut fürs Fotoprotokoll geeignet (guter Kontrast)
- Bei Copyboards gleich direkt als Datei speicherbar und zum Versand bereit

Nachteile
- Begrenzte Verfügbarkeit der Inhalte: Ist die Tafel gelöscht, kann die Information nicht mehr im Raum gezeigt werden.
- Benötigt viel Platz, ist oft zentral an der Stirnseite des Raums angebracht, genau dort, wo sich auch die Beamer-Leinwand befindet. Beide Medien sind daher meist nicht parallel verwendbar.
- Bei gleichzeitigem Einsatz des Flipcharts muss der Moderator die verschiedenen Stifte auseinanderhalten. Wer irrtümlich die Flipchart-Stifte verwendet, wird sich keine Freunde beim „Hausverwalter" machen, da diese dauerhafte Spuren hinterlassen.
- Meist eigenen sich diese Tafeln auch nicht zum Befestigen von Papierbögen, da die Klebstreifen ebenfalls unschöne Spuren hinterlassen, die das Schreiben später erschweren.

Hellraum-Projektor (Overhead-Projektor)

Der Vollständigkeit halber wollen wir auch dieses Medium erwähnen, obwohl es weitgehend aus den Veranstaltungs- und Sitzungsräumen verschwunden ist beziehungsweise ein Schattendasein fristet. Wer in seiner Moderation konsequent auf dieses Medium setzt, wird leicht als „Technik-Verweigerer" gesehen und bekommt vielerorts ein Imageproblem. Dabei hat auch der Hellraum-Projektor durchaus seine Vorteile. Wer ihn einsetzt, sollte bewusst deutlich machen, welche Vorteile das für die Runde in sich birgt. So kann manchmal auch ein gewisser „Überraschungsmoment" genutzt werden.

Vorteile
- Folien können vorbereitet und „live" ergänzt werden.
- Folien können leicht fotokopiert werden.
- Die „Animations-Falle" besteht nicht.
- Der Hellraum-Projektor kann auch auf ein Flipchart oder eine Pinnwand projiziert werden; so gelingt es, beide Medien zu verbinden.
- Die Teilnehmer können unkompliziert eigene Folien vor Ort erstellen, die für alle sichtbar gemacht werden können.
- Durch das Zerschneiden einer Hellraum-Folie in einzelne Teile kann auch hier eine Art „Kärtchenabfrage" durchgeführt werden. Die einzelnen Folienteile können dann auf einer Folie angeordnet, umgeordnet, ergänzt etc. werden. So entsteht eine „Mini-Folien-Collage".

Nachteile
- Der Hellraumprojektor nimmt einen zentralen Platz ein und verdeckt nicht selten den Moderator.
- Die meist älteren Modelle verursachen ein lautes Ventilatorengeräusch.
- Linse und Auflagefläche sind oft verstaubt.
- Ist der Moderator nervös und will mit dem Stift etwas auf der Folie anzeigen, wird sein Zittern auf der Leinwand „überdeutlich".
- Auch hier besteht die Gefahr der zu kleinen Schrift.
- Das bei diesem Medium häufig eingesetzte schrittweise Aufdecken der Inhalte wirkt im Rahmen der heutigen Vortragstechnik bevormundend.
- Wird die Folienrolle am Gerät beschrieben und nicht entfernt, werden so eventuell vertrauliche Inhalte hinterlassen.

Einige weitere Medien

Videosysteme

Sie kommen im Rahmen einer Moderation dann zum Einsatz, wenn es um das Aufzeichnen, Dokumentieren und Bearbeiten von Verhaltensweisen geht. Der Einsatz von Videosystemen erfordert technisches Geschick und Vertrautheit mit dem Medium. Der Moderator darf trotzdem nicht seine Hauptaufgabe, das Moderieren, vernachlässigen. Pannen beim Aufnehmen oder Abspielen wirken störend und sind der Akzeptanz des Moderators abträglich. Wenn möglich ist es daher vorteilhaft, eine andere Person als „Kameramann" zu verpflichten.

Diaprojektor
Manches Bildmaterial, vor allem älteren Ursprungs, ist immer noch ausschließlich auf Dias erhältlich. Sind ein oder mehrere solcher Bilder für die Veranstaltung wichtig, kann auch dieses Medium noch zum Einsatz kommen. Es ist aber empfehlenswert, den Diaprojektor nur begrenzt zu verwenden, da der Raum dafür meist verdunkelt werden muss.

Gestaltungsregeln für Visualisierungen

Das einheitliche Layout
Viele Unternehmen haben klare Vorgaben, was das Layout von Folien, Handouts etc. angeht. Vertraute gestalterische Formen machen es den Mitarbeitern leichter, sich auf die Inhalte zu konzentrieren. Wichtig ist es jedoch in jedem Fall, Farben, Formen, Schriftarten und Symbole einheitlich zu verwenden. Das erleichtert die Orientierung. Legen Sie sich als Moderator daher eine einheitliche Farben- und Formensprache zurecht. Ziehen Sie diese Farben und Formen dann bei der Visualisierung durch, egal, welches Medium Sie verwenden, z. B. auch bei der Farbe der Kärtchen für die Pinnwand. Einfache Symbole verdeutlichen bestimmte Inhalte, z. B. ein Blitz für Gefahr, ein Rufzeichen für Wichtiges.

Gestalten am Flipchart
- Sorgen Sie für ausreichend Filzstifte in den benötigten Farben. Probieren Sie vor Ort vorhandene Stifte vor der Veranstaltung aus.
- Die Schrift am Flipchart muss für alle lesbar sein. Daher empfiehlt sich eine Schriftgröße von etwa drei Zentimetern für Kleinbuchstaben. Zur Sicherheit führen Sie im Vorfeld einen „Sehtest" von dem am weitesten entfernten Sitzplatz durch.
- Wenn Sie vorweg Bögen vorbereiten und beschriften, lassen Sie stets einen Bogen dazwischen frei, um spontane Ergänzungen zu ermöglichen.
- Beschriften Sie die vorbereiteten Bögen am Rand mit Steckschildern, Post-its etc., um ein gezieltes Blättern zu gewährleisten.

- Wenn Sie Grafiken vorab planen, zeichnen Sie eine Bleistiftskizze auf den Bogen, die Sie dann relativ sicher mit dem Filzstift sichtbar machen können.
- Lassen Sie auch auf vorgefertigten Bögen immer Raum für Ergänzungen. Je weniger zunächst zum Vorschein kommt, desto neugieriger werden die Teilnehmer auf die weiteren Inhalte.
- Jeder Bogen braucht eine deutlich sichtbare Überschrift, mit der Sie die Bedeutung des Inhalts hervorheben können.
- Zur leichteren Nachvollziehbarkeit der Abfolge nummerieren Sie die einzelnen Bögen.
- Gliedern Sie möglichst klar und übersichtlich.
- Verwenden Sie Farben einheitlich und konsequent.
- Notieren Sie die Beiträge sofort mit, um die Kernaussagen zu visualisieren und spontan damit weiterarbeiten zu können.
- Verdecken Sie das Flipchart nicht mit Ihrem Körper.
- Schreiben Sie nicht unbedingt „schön", aber lesbar:
  - Schreiben Sie mit der Breitseite des Flipchart-Stifts.
  - Schreiben Sie Groß- und Kleinbuchstaben.
  - Verwenden Sie Druckschrift, wenn Ihre Handschrift nicht sehr gut lesbar ist.
  - Schreiben Sie eng und geblockt statt weit auseinandergezogen.
  - Gehen Sie sparsam mit Ober- und Unterlängen um.
- Während Sie schreiben und somit zwangsläufig den Teilnehmern den Rücken zukehren, sollten Sie eine Sprechpause machen.
- Sollten Sie in dem, was Sie geschrieben haben, einen Rechtschreibfehler entdecken, bessern Sie diesen einfach wortlos aus – ohne peinlich gestammelte Sätze wie: „Oh, heute habe ich keinen guten Tag …"

Gestalten von PowerPoint-Folien
Über die optimale Gestaltung von PowerPoint-Folien haben Kommunikationsprofis jede Menge Wissenswertes formuliert. Wir wollen hier nur die wesentlichsten Regeln anführen, da Sie als Moderator aus unserer Sicht den Folieneinsatz eher gering halten sollten. Das unterscheidet eben die Moderation von der Präsentation. Nicht Ihre Informationen stehen im Zentrum, sondern die aktive, von Ihnen unterstützte Arbeit der Teilnehmer. Trotzdem ist es manchmal erforderlich, dass Sie die eine oder an-

dere Folie erstellen, vor allem dann, wenn Sie auch Teil des Arbeitsteams sind.

Gestalten Sie all Ihre Folien nach der KEPA-Regel:
- K kurz
- E einfach
- P präzise
- A anschaulich

- Je weniger Text, desto besser. Die Teilnehmer sollen nicht lesen, sie sollen aktiv mitarbeiten.
- Die Schriftgröße sollte mindestens 18 Punkte, besser 20 Punkte betragen.
- Kopieren Sie keine Seiten aus anderen Unterlagen – die Schrift ist in jedem Fall zu klein.
- Gliedern Sie klar und übersichtlich, heben Sie hervor.
- Verwenden Sie einheitliche und maximal drei unterschiedliche Gliederungen und Hervorhebungen.
- Eine Folie sollte idealerweise ein Thema behandeln und maximal acht Zeilen umfassen.
- Präsentieren Sie pro Folie nach Möglichkeit maximal 30 Zahlen in Tabellenform. Wenn Sie nur einen Teil der Tabelle zeigen wollen, heben Sie diesen bewusst heraus, indem Sie ihn vergrößern.
- Eine Zahl sollte nur aus maximal fünf Stellen bestehen. Schreiben Sie also lieber 5 Mio. statt 5 000 000!
- Verwenden Sie Animationseffekte so sparsam wie möglich! Sie wollen mit Ihrer Moderation und nicht mit Ihren PowerPoint-Künsten punkten!
- Vermeiden Sie eine Sound-Unterlegung. Sie lenkt vom eigentlichen Inhalt ab und bringt Unruhe in die Präsentation.
- Lockern Sie die Folien mit einigen wenigen Bildern auf – das generiert Aufmerksamkeit.
- Gestalten Sie Grafiken einfach und nachvollziehbar: Klarheit hat Vorrang vor Schönheit und Originalität.
- Achten Sie auf ausreichenden Kontrast. Eine hellblaue Schrift auf dunkelblauem Hintergrund ist schwerer lesbar als die klassische schwarze Schrift auf weißem Hintergrund.

- Hinterlegen Sie Balken- und Blockdiagramme nicht zu stark.
- Testen Sie die Wirkung der Farben und die Lesbarkeit am Beamer vor Ort – da lässt sich notfalls noch kurzfristig etwas ausbessern.
- Sprechen Sie trotz Folie im Hintergrund zum Publikum und nicht zur Leinwand oder mit Ihrem PC.

Gestalten von Pinnwänden

- Pro Pinnwand nur ein Thema
- Schreiben Sie dieses Thema so auf ein Kärtchen, dass es klar als Überschrift erkennbar ist.
- Bereiten Sie genügend Kärtchen in den benötigten Farben vor.
- Geben Sie den Farben eine bestimmte Bedeutung, z. B. rote Kärtchen für Gegenargumente, grüne für befürwortende Argumente und weiße für Informationen etc.
- Verwenden Sie unterschiedliche Formen.
- Die Schriftgröße sollte mindestens 3 cm betragen.
- Bereiten Sie genügend Flipchart-Stifte, die auch verlässlich schreiben, vor.
- Bitten Sie alle Teilnehmer, möglichst deutlich zu schreiben.
- Sorgen Sie für ausreichend Pinns zum Befestigen.

Moderationstechniken für alle Fälle

Gute Methoden und Techniken sind das Handwerkzeug eines Moderators. Sie dienen dem Arbeitsprozess und helfen den Teilnehmern, zu effizienten Lösungen zu gelangen. Sie bieten aber auch Abwechslung und Vielfalt, sorgen für Spannung und Tempowechsel. Das ist notwendig, um Denkroutinen zu durchbrechen und die Kreativität zu fördern. Die Teilnehmer werden aktiviert und angeregt, gemeinsam neue Aspekte und Lösungen zu erarbeiten. Moderation ist jedoch kein All-inclusive-Ferienspiel. Das zu erreichende Ziel steht im Vordergrund und nicht die Vielfalt der „Show-Acts" auf der Moderationsbühne. Mit anderen Worten: Moderationsmethoden sind kein Selbstzweck, sie unterstützen die Arbeitsprozesse, sollten diese aber nicht überlagern.

Der gelungene Einstieg

Die Begrüßung durch den Moderator sollte möglichst persönlich erfolgen. Aus eigener Erfahrung wissen wir, wie sehr eine Beziehung durch eine Begrüßung mit Handschlag vom ersten Moment an gefestigt und positiv beeinflusst wird. Wir begrüßen die Teilnehmer bis zu einer Gruppengröße von ca. 40 Personen auf diese Weise.

Das bedeutet zwar eine Menge Händeschütteln und es ist vor allem nicht immer ganz einfach, bei einer großen Zahl an fremden Personen zu wissen, wem man schon die Hand gegeben hat und wer noch auf diese persönliche Begrüßung wartet. Das erfordert einiges an Training, Erfahrung und Aufmerksamkeit – aber vor allem erfordert es eine bewusste Konzentration auf die Teilnehmer. Das hat zwei entscheidende Vorteile: Erstens fühlt sich jeder Teilnehmer persönlich angesprochen, aus der anonymen Masse herausgeholt, und steht damit in einer persönlichen Beziehung zum Moderator. Zweitens ist diese Form der bewussten Zuwendung zu den Teilnehmern das beste Mittel gegen aufkeimendes Lampenfieber beim Moderator!

Bei einer Moderation in kleinerem Kreis ist es immer sinnvoll, sich bei der Begrüßung des Einzelnen vorzustellen und den eigenen Namen zu nennen: „Guten Morgen, ich begrüße Sie herzlich zu unserem Workshop. Darf ich mich vorstellen, ich bin Frau Schranz, Ihre Moderatorin für den heutigen Tag." Meist nennt dann auch der Teilnehmer seinen Namen und ermöglicht es dem Moderator auf diese Weise, dessen Namen zu wiederholen:

„Guten Morgen, Herr Fleißig." Dies ist gleichzeitig auch eine entscheidende Hilfe, unbekannten Teilnehmern einen Namen zuzuordnen. Der Teilnehmer selbst hat so vom ersten Moment an das Gefühl, der Moderator kenne seinen Namen.

Bei einer kleineren Runde können außerdem auch persönliche Aspekte in die Begrüßung mit einfließen. Sprechen Sie es direkt an, wenn

- ein Teilnehmer das erste Mal in dieser Runde dabei ist,
- ein Teilnehmer neu im Unternehmen ist,
- ein Teilnehmer weit angereist ist oder
- ein Teilnehmer aus einer anderen Niederlassung/Abteilung kommt.

Was sonst noch am Anfang geklärt gehört:
- Anfangs- und Endzeiten
- Pausenzeiten
- Verpflegung
- Ablauf
- Hinweise zu Unterlagen und Hilfsmitteln
- Spielregeln

Wie auch immer Sie als Moderator diesen ersten Augenblick gestalten: Beachten Sie stets, dass es oft diese Phase ist, die den Rhythmus und das Tempo einer Veranstaltung vorgeben. Verwenden Sie daher nicht unnötig viel Zeit für den Einstieg und gestalten Sie ihn bewusst. Achten Sie gerade am Anfang auf einen direkten Augenkontakt mit allen Teilnehmern. Das bezieht alle mit ein und ist die erste und wichtigste Aktivierungsmaßnahme für die Gruppe.

Die Durchführung

Je nach Art und Zielsetzung der Veranstaltung wählen Sie die Methode aus. Sie können dabei durchaus auch einzelne Methodenteile kombinieren und abändern. Es gibt unzählige mehr oder weniger erprobte Methoden für die Moderation. Da wir uns in diesem Buch speziell an Einsteiger wenden, haben wir uns auf diejenigen beschränkt, die unkompliziert durchzuführen und nach unserer Erfahrung sehr effizient sind. Probieren Sie aus, was für Sie passt, und adaptieren Sie Teile nach Ihrem eigenen Stil. Beginnen Sie jedoch schrittweise. Bauen Sie zunächst maximal zwei Methoden in Ihre Moderation ein. Funktionieren diese, erlangen Sie Sicherheit. Dann erweitern Sie jeweils mit anderen Methoden. So verfügen Sie bald über einen Erfahrungsschatz und können weiter variieren. Wer alles schon beim ersten Mal einbauen will, wird sich vor lauter Konzentration auf die Methode zu wenig auf die Teilnehmer und die eigentliche Zielsetzung besinnen.

Methoden zur Themensammlung

Hier geht es darum, Themen, Schwerpunkte und Erwartungen der Teilnehmer abzufragen. Es wird nicht bewertet und noch nicht ausgewählt. Wesentlich ist vielmehr eine möglichst umfassende Einbeziehung jedes Teilnehmers vom ersten Moment an. Wertschätzung und Vollständigkeit aller Wortmeldungen stehen dabei im Vordergrund.

- **Die Zuruf-Abfrage**: Sie bitten die Teilnehmer, der Reihe nach ihre Themen zu nennen, die Sie auf dem Flipchart notieren. Schreiben Sie lediglich Stichworte und versichern Sie sich immer wieder der Zustimmung der Teilnehmer, wenn Sie abkürzen, zusammenfassen etc. Nummerieren Sie die Beiträge. Da Sie bei dieser Methode viel schreiben müssen, macht sie bis zu einer Teilnehmerzahl von ca. 15 Personen Sinn. Ideal ist es, auf dem Flipchart-Bogen eine Spalte zur späteren Bewertung freizulassen.

  Benötigtes Material: Flipchart, Flipchart-Stifte

- **Die Kartenabfrage**: Jeder Teilnehmer erhält ein bis drei Kärtchen, auf die er seine Themen, Schwerpunkte bzw. Erwartungen schreibt. Der Moderator sammelt sie ein und heftet sie auf eine (mit Überschrift versehene) Pinnwand. Dabei gruppiert er gleiche Themen. So können jene Teilnehmer, die dies wünschen, ihre Anonymität wahren. Ist der Teilnehmerkreis größer, sind drei Kärtchen zu viel. Als Grundregel gilt:
  - bis zu 6 Teilnehmer – 3 Kärtchen
  - von 6 bis 10 Teilnehmer – 2 Kärtchen
  - ab 10 Teilnehmern – nur 1 Kärtchen pro Person

  Benötigtes Material: Flipchart-Stifte, Pinnwand, Kärtchen in einer Farbe

- **Vorbereitete Themen**: Haben Sie im Vorfeld alle Teilnehmer dazu aufgerufen, ihre Themen und Schwerpunkte zu mailen, sollten Sie schon über die Liste der Themen verfügen. Visualisieren Sie diese auf Kärtchen oder einer vorbereiteten Plakatwand. Die reine Präsentation der Themenübersicht mit PowerPoint bietet keine Möglichkeit der Weiterbearbeitung (Wertung, Reihung). Ob Sie spontane Zusatzthemen in die vorbereitete Themenliste aufnehmen, hängt von der Zielsetzung und den Spielregeln ab. Will ich die Teilnehmer dazu erziehen, Vorarbeiten auch wirklich zu erledigen, ist es besser, keine Spontanthemen aufzunehmen.

  Benötigtes Material: Vorbereitetes Plakat (Flipchart oder Pinnwand), ev. Stift

Ziel all dieser Methoden ist es, einen möglichst umfassenden **Themenspeicher** zu erhalten, der dann weiter bearbeitet wird. Sie können im Laufe der Moderation bei bearbeiteten Themen ein sichtbares Zeichen anbringen, es z. B. abhaken. Diese Methode motiviert und ist meist ein Ansporn zur zügigen Bearbeitung.

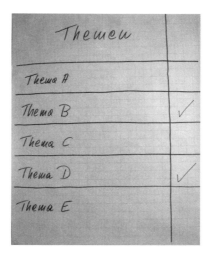

Abb.: Themenspeicher

Methoden zur Bewertung und Auswahl von Themen

- **Einpunkt-Abfrage:** Dies ist eine einfache Methode, die Wertigkeit der einzelnen Themen innerhalb der Gruppe auszuloten. Jeder Teilnehmer erhält einen Klebepunkt und klebt diesen neben jenes Thema, das ihm am wichtigsten erscheint. Jeder muss sich daher für ein einziges Thema entscheiden. Diese Methode ist dort sinnvoll, wo der Themenspeicher vorgegeben ist oder vorweg „eingesammelte" Themen zur Bewertung stehen bzw. jeder Teilnehmer mehrere Themen genannt hat. Haben die Teilnehmer eben erst je ein Thema genannt, ist die Wahrscheinlichkeit hingegen zu groß, dass am Ende jedes Thema genau einen Punkt erhält.

- **Mehrpunkt-Abfrage:** Die Teilnehmer erhalten Klebepunkte und dürfen diese Punkte je nach persönlicher Priorität vergeben:

1. Variante: Jeder erhält sechs Punkte und darf seinem wichtigsten Thema drei Punkte, dem zweitwichtigsten zwei Punkte und seiner persönlichen Nummer 3 einen Punkt geben.
2. Variante: Jeder Teilnehmer erhält so viele Punkte, wie die Gesamtzahl der Themen dividiert durch zwei ergibt; bei zehn Themen erhält also jeder fünf Punkte. Diese kann er dann beliebig verteilen, allerdings maximal zwei Punkte pro Thema.
Der Moderator zählt nun die Punkte pro Thema ab und reiht diese dementsprechend.

Benötigtes Material: Plakat/Flipchart, Klebepunkte

- **Polaritäts-Abfrage:** Stehen nur ein oder wenige Themen zur Auswahl, kann die Bewertung durch die Teilnehmer auch mittels einer Punktevergabe in einem vorbereiteten Polaritätsprofil erfolgen. Wichtig sind eine klare Fragestellung und eine gerade Anzahl von Kategorien im Polaritätsprofil, um ein Ungleichgewicht zu vermeiden, da erfahrungsgemäß die Mittelkategorie wie ein Magnet wirkt.

Abb.: Polaritäts-Abfrage 1

Die Bewertung kann auch auf einer Skala erfolgen:

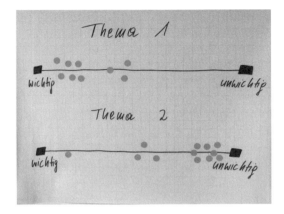

Abb.: Polaritäts-Abfrage 2

Der Moderator kann nach erfolgter Bewertung durch die Teilnehmer nun:
- das entstandene Bild von den Teilnehmern kommentieren lassen,
- jeden Teilnehmer bitten, seine Beweggründe für seine Wertung anzuführen, oder
- das Ergebnis selbst zusammenfassen.

Benötigtes Material: Plakat/Flipchart, Klebepunkte

Methoden zur Bearbeitung und Lösung von Aufgabenstellungen

Kreativitätstechniken in der Moderation
Hat die Gruppe ein zu lösendes Problem vor sich, ist es meist zunächst wichtig, möglichst viele Alternativen zu finden. Dazu benötigen alle Kreativität und den Mut, auch ungewöhnliche Ideen aufzugreifen. Dieser Prozess ist oftmals zeitaufwendig und eignet sich daher nur für längere Veranstaltungen, Workshops etc. Bei einer „normalen" Arbeitssitzung fehlt dafür meist die Zeit. Trotzdem kann die eine oder andere Methode auch abgekürzt und dann herangezogen werden, wenn der Arbeitsprozess ins Stocken gerät. Wir haben daher jeweils auch eine Minimalvariante angeführt.

- **„Neue Perspektiven":** Grundlage für größere Kreativität ist die Offenheit für neue Perspektiven, für einen Wechsel der Blickwinkel. Schon alleine das Erheben von den Stühlen und das Wechseln der Plätze bewirken eine Änderung der Sichtweise. Der Moderator bittet daher alle Teilnehmer, sich von ihren Stühlen zu erheben und einen anderen Standort im Raum zu wählen, möglichst weit weg vom bisherigen Platz. Dann verstärkt er diesen Perspektivenwechsel noch durch folgende Fragen:
  - „Was ist gut an diesem Problem?"
  - „Wie würde ein Maler/Musiker/Fußballer diese Aufgabe lösen?"
  - „Was werden wir in 20 Jahren zu dieser Situation sagen?"
  - Jeder Teilnehmer gibt nun möglichst spontan Antworten auf diese drei Fragen.

Benötigtes Material: keines
Minimalvariante: nur eine der drei Fragen stellen

- **Brainstorming:** Diese Methode basiert auf der Erkenntnis, dass kreative Prozesse von Impulsen leben. Die Ideen der anderen liefern diese Impulse, die dann als Rohstoff für die eigenen Einfälle dienen. Dabei sind vier Grundregeln hilfreich:
  - Bewerten und Kritisieren ist während der Ideenfindung verboten.
  - Bereits vorhandene Ideen sollen aufgegriffen und weiterentwickelt werden.
  - Alle Ideen sind willkommen, auch die „absurden".
  - Es sollen so viele Ideen wie möglich geäußert werden.

Alle Ideen werden gesammelt und aufgeschrieben. In einer zweiten Phase werden sie sortiert: Was gehört zusammen, was hat nichts mit der Fragestellung zu tun? Das Grundproblem dieser Methode ist jedoch die Tatsache, dass sie „offene" Teilnehmer erfordert. Meist beeinflussen und bremsen sich Teilnehmer gegenseitig und sind nicht frei in ihren Assoziationen. Eine ablehnende Geste, ein Hochziehen der Augenbrauen oder ein ungläubiges Kopfschütteln hat schon so manche kühne Idee im Keim erstickt.

Benötigtes Material: Papierblätter, Kärtchen und Pinnwand
Minimalvariante: als Kurzsequenz von ca. fünf Minuten einschieben; macht jedoch nur bei einer sehr spontanen und kreativen Runde Sinn

- **Brainwriting oder 6-3-5-Methode:** Die Grundidee ist die gleiche wie beim Brainstorming, allerdings wird dabei nicht geredet, sondern geschrieben. Die Zahlen bedeuten, dass dabei sechs Personen drei Ideen nebeneinander auf ein Blatt Papier schreiben. Es können auch größere Karten verwendet werden. Dann wandern das Blatt bzw. die drei Karten im Uhrzeigersinn einen Platz weiter und der Nächste schreibt seine weiterführenden Ideen zu den vom Nachbarn vorgegebenen Punkten. Auch neue Vorschläge sind erlaubt, sofern sie von den Ideen des Vorgängers inspiriert sind. So wandern die Blätter fünf Mal weiter. Die so entstandenen Ideen werden anschließend ausgewertet, indem jeder vorliest, was er vor sich liegen hat, und gemeinsam über das Ergebnis diskutiert wird. Die Auswertung kann auch so erfolgen, dass jeder Teilnehmer aus den vor sich liegenden Ideen die zwei bis drei besten auswählt, auf Kärtchen überträgt und diese auf die Pinnwand heftet. Die ursprünglich entstandenen Blätter werden ebenfalls sichtbar gemacht. Bei dieser Methode erhalten auch eher zurückhaltende Teilnehmer die Chance, kreative Ideen zu äußern. Allerdings dauert die Methode seine Zeit. Rufen Sie die Teilnehmer zu einer gut leserlichen Schrift auf!

Benötigtes Material: 6 Blätter A-4 oder 18 Karten A-5, Pinnwand-Karten, Pinnwand
Minimalvariante: nur eine Idee pro Teilnehmer, eventuell auch nur drei Runden

- **Cardwriting und Clustern:** Der Moderator legt einen Stoß Kärtchen bereit. Auf zwei vorbereiteten Karten sind bereits zwei Ideen als Impulsgeber angeführt. Die Teilnehmer schreiben nun eigene Ideen auf – immer nur eine Idee pro Karte. Anschließend werden die Karten auf einer Pinnwand nach Zusammengehörigkeit geordnet – geclustert. Diese Methode ist der Kartenabfrage sehr ähnlich, nur geht es hier um kreative Ideen. Die Methode ist rasch und unkompliziert durchzuführen.

Benötigtes Material: Pinnwand-Kärtchen, zwei vorgefertigte Ideenvorschläge, Pinnwand
Minimalvariante: Jeder Teilnehmer liefert maximal zwei Ideen.

- **Sechs-Farben-Denken**: Ziel dieser Methode ist es, ein Problem aus möglichst vielen Blickwinkeln zu betrachten. Jede Denkweise bekommt dabei eine Farbe zugeordnet:
  Weiß: steht für Objektivität, Fakten
  Rot: steht für emotionales Denken, Gefühle, Ängste, Zweifel, Freude
  Schwarz: steht für Kritik, Negatives, Pessimismus, Gefahren
  Gelb: steht für Optimismus, Hoffnung, positives Denken, Chancen
  Grün: steht für neue Ideen, Kreativität
  Blau: steht für zusammenfassende Denkweise, Kontrolle, Überblick

Der Moderator teilt pro Farbe eine Karte aus. So bekommt jeder Teilnehmer einen (symbolischen) Hut in der jeweiligen Farbe aufgesetzt und soll dementsprechend zum Thema argumentieren. Anhand der vor ihm liegenden Karte erkennen die anderen, welchen Standpunkt er gerade einnimmt. Nach einer festgesetzten Zeit (Minimum 15 Minuten) werden die „Hüte" gewechselt. Diese durchaus aufwendige Methode zwingt die Teilnehmer, in ihrer Ideenfindung nicht einseitig zu werden.

Benötigtes Material: Karten in den Grundfarben
Minimalvariante: Es werden lediglich vier Denkfarben verteilt, z. B. Weiß, Rot, Schwarz und Gelb.

- **„Disney-Strategie"**: Diese Methode funktioniert ähnlich wie das Sechs-Farben-Denken. Den Teilnehmern werden auch hier „Rollen" zugeteilt, in die sie sich hineinfühlen und -denken sollen. Die Rollenzuteilung kann freiwillig oder durch den Moderator erfolgen. Es stehen drei Rollen zur Auswahl:
  – der „Träumer"
  – der „Realist"
  – der „Kritiker"

Als Erstes formuliert der Träumer einen Traum, eine Wunschvorstellung. Der Realist sagt anschließend, was man objektiv für die Realisierung dieses Traums benötigt. Der Kritiker wiederum führt Gründe an, die dagegen sprechen. Daraufhin ist wieder der Träumer am Zug, der seinen

Traum erweitert/verändert und so auf den Kritiker reagiert. Dann tritt wieder der Realist auf den Plan und schließlich erneut der Kritiker. Es wird zuvor vereinbart, wie viele Runden stattfinden bzw. aufgehört, wenn einer der drei aufgibt. Die anderen Teilnehmer bewerten die Ideen.

Benötigtes Material: drei Karten, auf denen die drei Rollen stehen
Minimalvariante: nur eine Runde durchspielen

Analyse- und Entscheidungsfindungs-Techniken
- **Problem-Analyse-Schema:** Hier geht es darum, in einzelnen Rastern zur jeweiligen Fragestellung möglichst umfassende Antworten zu finden. Diese Form ist eine relativ einfache und übersichtliche Form der Problemanalyse, die auch schon Lösungsversuche miteinbezieht. Wichtige Aufgabe des Moderators ist es, die Zielsetzung stets im Auge zu behalten und auf sie hinzuweisen.

Wie äußert sich das Problem?	Was können die Ursachen sein?	Was könnten wir dagegen tun?

Benötigtes Material: Raster als Vordruck pro Problemstellung

- **Mind-Map:** Diese Technik fasst die einzelnen Varianten, Ideen und Lösungsvorschläge zusammen bzw. vernetzt sie. Ausgangspunkt ist immer ein Kreis in der Mitte. Hilfreich ist es, die Zielformulierung ebenfalls anzuführen.

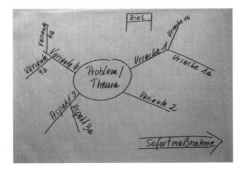

Abb.: Mind-Map

Benötigtes Material: Flipchart oder großer Papierbogen auf einer Pinnwand

- **Ursachen-Wirkungs-Diagramm oder Fishbone-Diagramm**
  Das Problem wird auf seine Ursachen hin analysiert, die zum derzeitigen Missstand geführt haben. An jeder „Fischgräte" wird eine Ursache festgemacht, am Kopf des Fisches steht das Problem.

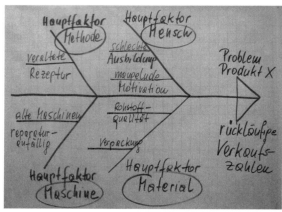

Abb.: Ursachen-Wirkungs-Diagramm

Diese übersichtliche Darstellung des Problems hilft der Gruppe, sich auf den Inhalt zu konzentrieren und sachbezogene Sofortmaßnahmen festzulegen.

Benötigtes Material: querformatiges Plakat oder Flipchart-Bogen auf Pinnwand

- **SWOT-Analyse:** Diese Analyseform besteht aus vier Feldern: Strengths (Stärken), Weaknesses (Schwächen), Opportunities (Chancen), Threats (Risiken). Über die zweidimensionale Beurteilung im Rahmen der Zwei-Felder-Tafel hinaus werden mögliche zukünftige Entwicklungen, wie eben Chancen und Risiken, in die Analyse miteinbezogen. Dadurch wird diese aussagekräftiger und lässt bessere Erkenntnisse zu. Die SWOT-Analyse eignet sich besonders für Gruppen, die eine Problemstellung zum ersten Mal bearbeiten. Wichtig ist jedoch immer die Analyse im Hinblick auf das vorgegebene Ziel. Interne Stärken dürfen nicht mit externen Chancen verwechselt werden. Die SWOT-Analyse beschreibt Zustände und dient so zur Entwicklung von Strategien.

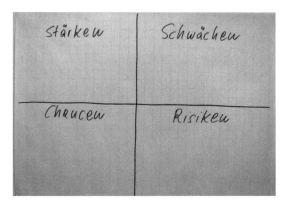

Abb.: Swot-Analyse

Benötigtes Material: Vorbereitetes Plakat oder vier A3-Bögen, die dann auf der Pinnwand zu einem Chart zusammengefügt werden.

- **Zwei-Felder-Tafel**: Diese unkomplizierte Methode dient auch in einer kleinen Gruppe zur übersichtlichen Darstellung der Für- und Wider-Argumente oder der Vor- und Nachteile einer Variante.

Abb.: Zwei-Felder-Tafel

Benötigtes Material: Flipchart oder Plakat, in kleineren Gruppen reicht ein Papierbogen

Die Werkzeugkiste 93

- **Entscheidungsmatrix:** Stehen nun mehrere mögliche Lösungsvarianten zur Disposition, geht es darum, eine Auswahl zu treffen. Die Entscheidungsmatrix eignet sich für komplexere Entscheidungen, indem sie diese in einzelne übersichtliche Teilschritte zerlegt, die nach und nach beurteilt werden können. In einer Matrix werden z. B. die geforderten Kriterien, die eine mögliche Lösung erfüllen soll, den ausgewählten Lösungsalternativen gegenübergestellt. Jeder Teilnehmer erhält Klebepunkte (maximal sechs) und vergibt jeweils dort seine Punkte, wo die jeweilige Alternative dem geforderten Kriterium entspricht (maximal zwei Punkte pro Feld). Die Punktezahl wird addiert und so ein Favorit unter den Alternativen identifiziert.

Alternativen Kriterien	Alternative 1	Alternative 2	Alternative 3	Alternative 4
Kriterium 1		7	4	1
Kriterium 2	2	3		2
Kriterium 3	4		1	2
Kriterium 4		5		2
Summe	6	(15)	5	7

Abb.: Entscheidungsmatrix

Benötigtes Material: großes Plakat mit vorbereitetem Raster, Klebepunkte, Stifte

Folgendes betrifft alle Methoden gleichermaßen:
- Die Frage- und Aufgabenstellung muss den Teilnehmern klar sein.
- Der Moderator agiert beim Gestalten sicher und unaufdringlich.
- Er ist fähig, die Methoden situativ zu kombinieren, zu verkürzen oder nach Bedarf auch abzuändern.

Ein guter Moderator weiß um die Grenzen jeder Methode. Sie sind immer nur Mittel zum Zweck und dürfen nicht dazu verleiten, Entscheidungen als rein rational entstanden anzusehen. Entscheidungen sind immer auch emotional zustande gekommen, wie schön, logisch und mathematisch addierbar die einzelnen Charts im Fotoprotokoll auch scheinen.

Ergebnisse sichern

Die am besten moderierte Besprechung ist letztendlich unproduktiv, wenn sie keine Ergebnisse liefert. Ein guter Moderator weist daher immer wieder auf diese wesentliche Zielsetzung hin, er sichert die Ergebnisse und Entschlüsse. Ebenso entscheidend ist es, die konkreten Maßnahmen und die dazugehörigen Verantwortlichkeiten zu dokumentieren. Formulieren Sie die Lösungen und Maßnahmen möglichst konkret und präzise. Manche Teilnehmer sind Meister im Verstecken hinter schönen Worthülsen. Allerdings geht es hier um Klartext, der auch einzufordern ist. Noch offene Punkte kommen in einen eigenen Themenspeicher für die nächste Besprechung.

Nr.	Wer	macht was	bis wann	wozu	Check/Kontrolle

Methoden für „zwischendurch"

Manchmal erfordert die Situation eine kleine Auflockerung. Ein guter Moderator ist auch darauf vorbereitet. Allen hierfür geeigneten Methoden ist eines gemeinsam: Sie müssen ohne große Vorbereitung spontan eingesetzt werden können und sollen keiner langen Erklärungen bedürfen.

- **Blitzlicht:** Der Moderator stellt eine Feedback-Frage an die Runde, z. B.: „Welcher Punkt war im ersten Teil der Besprechung für Sie besonders interessant?" Dann wirft er einem Teilnehmer einen Ball oder Ähnliches zu und dieser gibt eine Antwort, bevor er den Ball an einen anderen Teilnehmer weitergibt, bis alle an der Reihe waren.

Benötigtes Material: kleiner Ball bzw. alles, was sich unfallfrei werfen lässt

- **Stimmungsbarometer:** Die Teilnehmer kommunizieren spontan ihre aktuelle Stimmung, indem sie einen Punkt auf einer Skala platzieren.

Abb.: Stimmungsbarometer

Benötigtes Material: Plakat, Flipchart, Klebepunkte

Tipp

Bei unseren Moderationen hat sich ein einfacher „Knetkopf" (ein kleiner, mit Sand gefüllter Gummiballon mit Gesicht) als sehr vorteilhaft erwiesen: Während die Teilnehmer nach Worten suchen, wird der handliche Ball einfach geknetet. Je mehr Emotionen im Spiel sind, umso verformter kommt er wieder zum Moderator zurück.

Der Abschluss

Auch der letzte Eindruck ist prägend. Das Gefühl, das der Moderator vermittelt, wird von den Teilnehmern aus der Veranstaltung mitgenommen und bleibt ihnen im Gedächtnis. Ebenso wie der Einstieg sollte auch der Abschluss nach klaren Regeln ablaufen. Meist erfolgt am Schluss eine Zusammenfassung bzw. eine Überprüfung, ob und welche Ziele erreicht wurden. Wurde ein Teilnehmer als Feedback-Verantwortlicher bestimmt, kommt ihm jetzt eine zentrale Rolle zu. Er fasst zusammen und gibt seine bzw. andere Rückmeldungen der Runde bekannt. Wichtig ist dabei immer der Aspekt: Was können wir für die nächste Veranstaltung lernen? Was ist gut gelaufen und wo gibt es noch Verbesserungspotenzial?

Zum Schluss ist nochmals der Moderator am Wort:

- Er muss mit dem Protokollführer abklären, ob aus dessen Sicht alles beantwortet ist oder ob er noch etwas zum Verfassen des Protokolls benötigt. Er bedankt sich bei ihm.
- Ein Dank gilt den Teilnehmern, die Spezialaufgaben fachlicher oder organisatorischer Natur übernommen haben.
- Schließlich geht auch ein Dank an alle Teilnehmer für ihre Beiträge (nicht für die Aufmerksamkeit!).
- Bei Bedarf nennt er den nächsten Termin.
- Eine Verabschiedung mit dem guten Wunsch für die weitere Bearbeitung des Themas, für den restlichen Arbeitstag etc. beendet die Veranstaltung.

Wichtig ist am Ende vor allem ein klarer Aufruf zu weiterführenden Handlungen bzw. zum Weiterdenken und aktiven Umsetzen der formulierten Ziele. So rückt der Moderator am Schluss noch einmal das Erreichte in den Vordergrund und ruft zur Nachhaltigkeit des Ergebnisses auf. Nicht er als Person und seine perfekte Moderationsshow sollen im Mittelpunkt stehen, sondern das gemeinsame Ziel.

Exkurs: Was gehört in einen Moderationskoffer?

Keine Frage, der Moderationskoffer gehört zum Moderator wie die Arzttasche zum Arzt. In den meisten Unternehmen und Tagungsräumlichkeiten steht ein solcher Moderationskoffer zur Verfügung. Doch ist auf den jeweiligen Inhalt Verlass? Oft fehlt Entscheidendes. Deswegen schleppen manche Moderatoren große Koffer mit sich herum, um nur ja im Ernstfall alles dabei zu haben. Das Motto lautet: Je größer der Koffer, desto besser die Moderation. Ist das wirklich so?

Fakt ist: Das Angebot ist riesig. Probieren Sie ruhig die eine oder andere Neuheit am Markt aus. Meist finden Sie schnell heraus, mit welchem Material Sie gerne arbeiten. Wichtig ist jedoch, dass Sie vor jeder Moderation das benötigte Material überprüfen. Routine verleitet oft zur Nachlässigkeit. Die Fähigkeit zur Improvisation ist zwar eine wichtige Gabe, gewissenhafte Vorbereitung aber trotzdem vorzuziehen. Hier eine Liste der aus unserer Sicht sinnvollen Inhalte, die keinen Anspruch auf Vollständigkeit erhebt.

- Stifte
  - Moderationsstifte für Flipchart etc. in Rot, Grün, Blau und Schwarz
  - Filzstifte mitteldick, mindestens einer pro Teilnehmer
  - Whiteboard-Marker bei Bedarf
  - Bleistifte
  - Textmarker
  - Moderationskarten
  - rechteckig, in vier unterschiedlichen (hellen) Farben,
  - Karten A6 und A5
  - eine kleine Auswahl an runden (mehrere Größen) und ovalen Karten oder Waben- und Rhombuskarten, je nachdem, was Sie besser brauchen können
  - einige vorgefertigte Sprechblasen
- Klebepunkte (20 mm) in drei unterschiedlichen Farben
- Post-its
- leere Namensschilder
- Klebeband (ev. Krepp-Klebeband, lässt sich leichter ablösen, Klebestift)
- Schere, Cutter
- Pinnwand-Nadeln, Signalnadeln

- Locher und Hefter
- Papierblock
- Digitalkamera
- Teleskop-Zeigestab mit Kugelschreiber

Tipp

Halten Sie auch einige Kugelschreiber bereit, falls einige Teilnehmer auf ihr Schreibgerät vergessen haben!

Die wichtigste Waffe: die Worte

Die wohl wichtigste Grundlage einer guten Moderation ist eine passende Sprache, eine souveräne zwischenmenschliche Kommunikation. Unter souverän verstehen wir einen offenen, ehrlichen, sachlichen und bestimmten Gebrauch der Sprache. Vom Moderator wird eine neutrale, auf Fragen konzentrierte Rhetorik erwartet. Doch kann Sprache überhaupt neutral sein? Ist nicht jede Form der Formulierung auch emotional gefärbt?

Trennen von Sache und Emotion

Das ist wohl das Grundproblem menschlicher Kommunikation: In uns kämpfen immer zwei unterschiedliche Welten gegeneinander an, die sachliche und die emotionale. Das gilt auch für den Moderator. Daher ist es unrealistisch, von ihm eine rein sachlich-neutrale Wortwahl in allen Situationen zu verlangen. Unser Rat an Sie: Erkennen Sie Ihre eigenen Emotionen und versuchen Sie nicht, diese um jeden Preis zu verdrängen. Erst dann gelingt es, trotz eigener Emotion wieder zur Sache zurückzufinden. Sagen Sie zu sich selbst: „Ich ärgere mich jetzt gerade sehr über diesen aufgeblasenen Wichtigtuer – Tatsache ist, dass wir hier ein Thema behandeln und nicht die Persönlichkeit von Herrn X!" Das ist ein einfacher Trick, doch er hilft.

Hilfreich ist es, wenn Sie sich in schwierigen Moderationssituationen folgende Fragen stellen:
- Was ist die Emotion des Teilnehmers? Was will er emotional erreichen?

- Um welchen Sachinhalt geht es ihm?
- Wie beeinflussen die Beziehungen zu den anderen Teilnehmern sein Verhalten?
- Geht es ihm um ein wirkliches Anliegen oder vorrangig um seine Position?
- Wo ist der gemeinsame Nenner?

Besonders diese letzte Frage ist entscheidend, um die Moderation immer wieder auf Kurs zu bringen.

Geraten in der Hitze der Debatte bei dem einen oder anderen Teilnehmer Emotion und Sache durcheinander, verbalisieren Sie diesen Sachverhalt und führen Sie so wieder zur Sache zurück.

Kommunikationstipp 1

Sehen Sie immer den Teilnehmer als Person – getrennt vom Problem.

Formulierungen

Die Wortwahl macht den Unterschied. Dabei kommt es nicht darauf an, wie gut oder gekonnt Sie Ihre Worte setzen. Es zählt einzig und allein, was Ihre Gesprächspartner verstehen. Gesagt heißt leider nicht immer auch verstanden.

Kommunikationstipp 2

Wahr ist nicht das, was Sie gesagt haben, sondern das, was der andere verstanden hat.

Verpacken Sie daher Ihre Botschaft an die Teilnehmer behutsam und bewusst. In schwierigen Situationen reicht schon das ein oder andere „falsche" Wort, um Missverständnisse zu erzeugen.

Kommunikationstipp 3

Formulieren Sie entschieden und bestimmt.

Vermeiden Sie Konjunktive. Legen Sie sich sprachlich fest und verlangen Sie das auch von den Teilnehmern. Streichen Sie daher nach Möglichkeit das Wort „man" aus dem Moderations-Wörterbuch.

Kommunikationstipp 4

Formulieren Sie einfach und klar.

Wer sich hinter Fachausdrücken und Drei-Buchstaben-Abkürzungen versteckt, wird schlecht verstanden. Gerade als Moderator muss es Ihr Ziel sein, alle Teilnehmer „mitzunehmen", und nicht, mit Fachvokabular zu beeindrucken. Verwenden Sie bildhafte Vergleiche und Beispiele, um mehrere Wahrnehmungskanäle anzusprechen.

Kommunikationstipp 5

Formulieren Sie positiv.

Negativaussagen sind in unserem Alltag allgegenwärtig. Durchbrechen Sie diese Gewohnheit und sagen Sie Ihren Teilnehmern, was und wie es geht, und nicht, was nicht geht, verboten ist, nicht gelingen wird usw. Wer positiv formuliert, motiviert und überzeugt. Aus unserer Erfahrung sind Wörter wie z. B. „zusätzlich", „weiter", „darüber hinaus" positive Signalworte für die Teilnehmer, noch zusätzlich eine Information zu erhalten.

Kommunikationstipp 6

Vermeiden Sie Floskeln.

Floskeln sind verbales Füllmaterial ohne klaren Sinn und Wert. Wer sie häufig verwendet, verliert an sprachlicher Kompetenz. „Eigentlich" und „ehrlich gesagt" deuten eher auf Unsicherheit hin und schränken das, was Sie sagen, in seiner Bedeutung ein. Heben Sie sich auch den Satz „Tut mir leid!" für Situationen auf, in denen Sie wirklich etwas von Herzen bedauern!

Kommunikationstipp 7

Keine unnötige verbale Abwertung Ihrer Aussagen.

Wer sich ständig für seine Aussagen entschuldigt, büßt in der Einschätzung der Zuhörer ebenfalls an Kompetenz ein. „Ich weiß nicht, ob das jetzt dazu passt, aber ..." Ich weiß, das wollen Sie nicht hören, aber ..." oder „Das war's, mehr habe ich heute nicht für Sie." Das alles sind definitiv schlechte Sätze in einer Moderation.

Kommunikationstipp 8

Sag dem anderen, was er davon hat, wenn er das tut, was du willst.

Argumentieren Sie stets mit dem Nutzen des anderen (persönlicher Nutzen, Teamnutzen oder Unternehmensnutzen). Statt „Ich möchte, dass Sie ..." besser „In Ihrem Sinn ist es vorteilhaft, wenn Sie ..." Jeder möchte schließlich wissen, welcher Nutzen für ihn bei einer bestimmten Sache entsteht. So nehmen Sie sich als Moderator geschickt zurück, erreichen trotzdem Ihre Ziele und wahren dabei Ihre neutrale Position.

Kommunikationstipp 9

Hören Sie genau zu.

Eine der wichtigsten Eigenschaften eines guten Moderators ist es, gut und aktiv zuhören zu können. Konzentrieren Sie sich dabei genau auf den Sprecher und signalisieren Sie durch Ihre Äußerungen (z. B. „Mhm") und Gesten (z. B. zustimmendes Kopfnicken), dass Sie aufnehmen, was er gerade sagt. Wiederholen Sie notfalls wichtige oder unklare Punkte und fragen Sie nach.

Kommunikationstipp 10

Kommunizieren Sie konsequent.

Vieles wird erst dann verstanden, wenn es oft genug wiederholt wird. Bleiben Sie daher bei einem einmal gewählten Erklärungsmuster. Formulieren Sie mit anderen Worten, aber bleiben Sie dem Inhalt treu. Sagen Sie, was Sie sagen werden, sagen Sie es und sagen Sie, was Sie gesagt haben. Klingt übertrieben? Keineswegs! Der allgemeinen Informationsüberflutung sollten Sie klare, einfache und konsequente Worte entgegensetzen.

Fragetechniken für Moderatoren

„Wer fragt, der führt!"
Dieser klassische Merksatz aus dem Kommunikationsbereich gilt für den Moderator ganz besonders. Fragen gehört zur kommunikativen „Grundausrüstung" einer gelungenen Moderation. Die fragende Haltung ist die Grundhaltung des Moderators.

Er fragt, um ...
- alle Teilnehmer miteinzubeziehen,
- die Meinungs- und Wissensvielfalt in der Runde transparent zu machen,
- das Gespräch immer wieder in Gang zu bringen,
- die Zielsetzung in den Mittelpunkt zu stellen,
- an die Spielregeln zu erinnern,
- die Arbeitsschritte abzustimmen,
- den Konsens mit den Teilnehmern herzustellen,

- die Stimmung auszuloten,
- die Teilnehmer zu motivieren,
- von der Emotion wieder zur Sache zu gelangen,
- Feedback zu erhalten und für die Gruppe hörbar zu machen,
- Störungen abzuwenden und
- Entscheidungen zu fördern.

In besonders „verzwickten" Situationen oder wenn er persönlich angegriffen wird, fragt er ganz einfach auch, um Zeit zu gewinnen. Während der andere antwortet, kann er überlegen, wie er weiter reagieren wird.

Eine gezielte Wiederholung wichtiger Aussagen in Frageform ermöglicht die Zustimmung der anderen und eine positive Beeinflussung des Gesprächsklimas. Gleichzeitig wird das Gespräch in die gewünschte Richtung gelenkt. Einen wichtigen Grundsatz sollte jeder Moderator jedoch beherzigen: Verpacke nie zwei Fragen in eine!

Fragearten und ihr Einsatz in der Moderation

Die geschlossene Frage

Diese Frage lässt als Antwort korrekterweise nur Ja oder Nein zu. Sie liefert daher eine knappe Information und beginnt mit einem Zeit- oder Hilfszeitwort. Sie dient in der Moderation der Strukturierung und kann zur Verknappung der Kommunikation eingesetzt werden, wenn z. B. ein Vielredner am Werk ist.

Beispiele: „Stimmen Sie dem zu?"
„Können wir jetzt zum nächsten Punkt kommen?"
„Hilft uns das weiter?"
„Kennen Sie die Methode?"

Nicht immer reagieren die Gefragten wunschgemäß. Ein eingefleischter Vielredner wird zwar mit „Ja" antworten, aber gleich auch ein „Aber" hinterherschicken: „Ja schon, aber ich habe da ganz andere Erfahrungen gemacht …!" Daher empfiehlt es sich, noch eine zweite und notfalls eine dritte geschlossene Frage einzusetzen. Man nennt das in der Rhetorik eine

Fragekette: Drei geschlossene Fragen bringen auch einen redseligen Teilnehmer wieder auf Kurs.

Geschlossene Fragen dienen auch dem Entscheidungsprozess. In dieser Phase der Moderation sollte sie der Moderator daher immer wieder stellen: „Geht dieser Vorschlag für Sie in Ordnung?"

Alternativfragen

Hier gibt der Moderator zwei oder mehrere Möglichkeiten als Antwort vor. Alternativfragen dienen der Entscheidungsfindung. Außerdem helfen sie, einen Teilnehmer auf eine andere Fährte zu locken. Der Moderator gibt zwei Alternativen vor, die nicht direkt mit dem eben Geäußerten zu tun haben. Der Befragte konzentriert sich auf die Wahlmöglichkeit und ist so auf eine andere geistige Bahn gestellt. Setzen Sie diese Frageform allerdings dosiert in der Moderation ein, da eine zu häufige Verwendung rasch unsicher wirkt. Außerdem könnte sie zu Polarisierungen unter den Teilnehmern führen.

Beispiele: „Ist aus Ihrer Sicht Punkt B oder A wichtiger?"
„Stimmen Sie für Variante A oder B?"

Tipp

Stellen Sie jene Variante, die die Teilnehmer Ihrer Ansicht nach wählen sollten, an die zweite Stelle. Was diese zuletzt gehört haben, werden sie prinzipiell eher wählen.

Präzisierungsfragen

Hier geht es darum, den Inhalt einer Aussage zu hinterfragen. Was meint der andere genau? Damit zwingt der Moderator den Teilnehmer, sich präziser auszudrücken und sich nicht hinter vagen Andeutungen zu verstecken. Manchen Teilnehmern fällt es auch einfach schwer, exakt zu kommunizieren. Durch Präzisierungsfragen hilft ihm der Moderator, zu einer klaren Aussage zu kommen. Außerdem können mithilfe von Präzisierungsfragen emotional gefärbte Aussagen relativiert werden.

Beispiele: „Was genau meinen Sie mit ‚enorm hoch'?"
„Wen genau meinen Sie mit ‚dem Großteil'?"

Richtungsweisende Fragen
Diese Fragen lenken für alle klar erkennbar in eine neue Richtung. Der Moderator verwendet sie, wenn ein neuer Arbeitsschritt oder ein Ergebnis ansteht. Er kann auf diese Art auch eine Diskussion beenden.

Beispiele: „Wie wollen wir jetzt das Gesagte zu einem Ergebnis zusammenfassen?"
„Welche Konsequenzen ergeben sich daraus?"

Suggestivfragen, Zustimmungsfragen
Fragen dieser Art wirken manipulativ auf den Teilnehmer, wollen ihn zu einer Zustimmung bringen. Sie sollten deswegen sparsam und behutsam eingesetzt werden, da sich der andere von ihnen leicht überrollt fühlt und dann erst recht in die Defensive geht (siehe a). Wirksam sind sie dann, wenn sie einen motivierenden Aspekt miteinbeziehen, indem sie die Erfahrung, das Wissen etc. des Teilnehmers ansprechen (b). Reine Zustimmungsfragen ohne suggestiven Aspekt beeinflussen das Abstimmungsklima positiv (c).

Beispiele: (a): „Sie sind doch sicher auch der Meinung der Mehrheit hier!"
(b): „Mit Ihrer Erfahrung im Hintergrund – sehen Sie das nicht auch so?"
(c): „Sind Sie damit einverstanden?"

Offene Fragen
Bei diesen Fragen ist das Antwortspektrum weit gefasst. Eine korrekte Antwort erfordert einen ganzen Satz. Sie beginnen meist mit einem W-Fragewort, motivieren die Teilnehmer zu Stellungnahmen und appellieren an deren Wissenspotenzial und Erfahrungsschatz. Sie laden den Teilnehmer ein, sich zu äußern, und drücken Wertschätzung aus. Trotz dieser Aktivierungsmaßnahme bleiben manche Teilnehmer schweigsam. Wir nennen sie die „Ja, eh …"-Antworter. Da hilft der gleiche Trick wie bei den geschlossenen Fragen. Bilden Sie als Moderator eine „offene Fragekette", indem Sie eine zweite und notfalls eine dritte offene Frage hintereinander stellen. In der Endphase einer Diskussion oder bei redefreudigen Teilnehmern sind offene Fragen hingegen reine Tretminen.

Beispiele: „Wie sind Ihre Erfahrungen mit dieser Methode?"
„Wie sehen Sie das, Herr Müller?"
„Welche Themen sollen wir bis 16:00 Uhr vorrangig behandeln?"

Prozessfrage

Der Moderator versetzt den Teilnehmer mit dieser Frage in die Vogelperspektive und lässt ihn die Sachlage von außen betrachten. Die Prozessfrage zielt weg von der inhaltlichen Ebene hin zum Beurteilen des Gesprächsverlaufs oder des Arbeitsprozesses. Der Moderator bezieht die Teilnehmer auf diese Weise in die Gestaltung des weiteren Ablaufs mit ein und appelliert an ihre Eigenverantwortung. Allerdings besteht die Gefahr, dass dominante Teilnehmer die Situation ausnutzen und die Führung an sich reißen.

Beispiele: „Was schlagen Sie als nächsten Punkt vor?"
„Wie würden Sie in diesem Fall die Gruppen einteilen?"

Reflektierende Frage

Wenn der Moderator neue Aspekte einbringen will, hilft diese Frageform. Sie deckt neue Sichtweisen auf und zwingt die Teilnehmer, radikale Aussagen zu relativieren. Wer häufig negative Aussagen macht, wird gezwungen, auch einmal die positive Seite zu betrachten. Werden sie zu häufig eingesetzt, wirken reflektierende Fragen jedoch künstlich und zu sehr aus der „Psycho-Ecke" entlehnt. Trotzdem sind sie ein gutes Mittel gegen Berufspessimisten.

Beispiele: „Sie sagen, diese Methode ist furchtbar. Finden Sie die anderen Methoden gangbar?"
„Sie lehnen dieses Argument ab. Stimmen Sie daher den anderen fünf Argumenten zu?"

Skalierende Fragen

Diese Fragen zwingen den Angesprochenen, seine Aussagen auf einer Skala einzuordnen und damit genau zu bewerten. So werden Hintergründe deutlich und die Teilnehmer legen sich fest. Diese lernen dadurch, in Prioritäten und Abstufungen zu denken. Skalierende Fragen führen sie von der Emotion zur Sachlichkeit. Gefährlich wird ihr Einsatz dort, wo Teilnehmer eher unstrukturiert an ein Problem herangehen. Dann führen solche Fragen zu langatmigen Um-den-heißen-Brei-Antworten.

Beispiele: „Wie würden Sie diese Gefahr auf einer Skala von eins bis fünf einordnen?"
„Welchem Punkt ordnen Sie Priorität 1, welchem Priorität 2 und welchem Priorität 3 zu?"

Zirkuläre Fragen

Diese Fragen haben zum Ziel, Themen von verschiedenen Seiten zu betrachten und den Standpunkt zu ändern. Der Teilnehmer wird aufgerufen, sich die Brille eines anderen aufzusetzen, um dessen Standpunkt zu erkennen. Oft können dadurch starre Kommunikationsmuster durchbrochen werden und Teilnehmer, die in eine innere Sackgasse gelangt sind, wieder in die Gruppe geholt werden.

Beispiele: „Was würden Ihre Mitarbeiter auf diesen Vorschlag antworten?"

„Wenn ich jetzt Ihre Kunden befragte, wie würden diese antworten?"

Zielfragen

Diese Fragen sollen helfen, Lösungsmuster für die Zukunft zu entwickeln. Sie stellen die zukünftige Situation in den Vordergrund und helfen den Teilnehmern, lösungsorientiert statt problemorientiert zu denken. Sie rücken das eigentliche Ziel der moderierten Veranstaltung in den Vordergrund.

Beispiele: „Wie wollen Sie in Zukunft mit diesem Verhalten umgehen?"

„Was passiert, wenn wir heute nicht entscheiden?"

„Was unterscheidet die geschilderte Situation von der vorherigen?"

Tipp

Stellen Sie keine „WARUM?"-Fragen. „Warum" setzt unter Druck, erinnert uns an unsere Kindheit und ist daher stark emotional besetzt. Der andere geht in die Verteidigungshaltung und reagiert meist unsachlich.

Wann welche Frage?

Frageart	Wann sollte sie zum Einsatz kommen?
Geschlossene Frage	Bei Vielrednern, um zum Punkt zu kommen, um zu verknappen, um bewusst in eine andere Richtung zu steuern, um Entscheidungen zu erreichen
Alternativfrage	Entscheidungsfindung vorantreiben, auf eine andere Fährte lenken
Präzisierungsfragen	Bei unklarer Ausdrucksweise, bei emotionalen Aussagen
Richtungsweisende Fragen	Um eine Diskussion zu beenden, um einen neuen Arbeitsschritt einzuleiten, um die Richtung zu ändern
Suggestiv- bzw. Zustimmungsfragen	Wenn eine Zustimmung gefordert wird, um zu motivieren, um den Abstimmungsprozess zu beschleunigen
Prozessfragen	Um das weitere Vorgehen mit der Gruppe abzustimmen bzw. um an die Verantwortung der Teilnehmer zu appellieren
Offene Fragen	Zu Gesprächsbeginn, zur Aktivierung von schweigsamen Teilnehmern, um Wertschätzung auszudrücken
Reflektierende Frage	Um den Alternativstandpunkt auszuloten, um radikale Aussagen zu relativieren, um Negativismus zu bekämpfen
Skalierende Frage	Zur genauen Einordnung einer Aussage, um von der Emotion zur Sache zu kommen, um zu einer klaren Stellungnahme zu zwingen
Zirkuläre Frage	Wenn die Standpunkte verhärtet sind, um Teilnehmer dazu zu zwingen, Probleme nicht einseitig zu sehen, um Schwung in die Diskussion zu bringen
Zielfrage	Wenn es um Lösungen geht, wenn die Teilnehmer in der Vergangenheit und bei Schuldzuweisungen feststecken

Tipp

Erstellen Sie einen eigenen Fragenkatalog für sich. Es ist in der Hektik der Moderation oft schwer, immer die richtige Frage parat zu haben. Da hilft gute Vorbereitung und konsequentes Üben, auch in anderen Lebenslagen!

3. Die Notfall-Kiste

In diesem Kapitel steht der Kernbereich einer guten Moderation im Mittelpunkt: das Umgehen mit Einwänden, schwierigen Teilnehmern und, damit verbunden, notwendige Interventionen. Es geht darum, Widerstände anhand von Reaktionen, Aussagen oder der Körpersprache rechtzeitig zu erkennen, um als Moderator entsprechend rasch reagieren zu können. Wie Sie gekonnt mit Teilnehmerreaktionen umgehen, das haben wir mit einigen Interventionstechniken aus der Praxis sichtbar gemacht.

Widerstände rechtzeitig erkennen und überwinden

Da hat nun der Moderator einen entsprechenden Moderationsplan erstellt und geht zuversichtlich zur Besprechung. Doch dort kommt einiges ganz anders ...

Meist verläuft eine Besprechung nicht ganz genau so, wie geplant. Manchmal treten Widerstände auf – Widerstände zwischen zwei oder mehreren Teilnehmern oder Widerstände gegenüber dem Thema. Oder auch Widerstände gegenüber dem Moderator. In solchen Fällen ist es ratsam, rechtzeitig und vor allem professionell zu reagieren.

> **Beispiel**
>
> Abteilungsleiter X leitet das Meeting mit folgenden Worten ein: „Wir haben letztes Mal beschlossen, dass Kollege Mayer gemeinsam mit Frau Kollegin Nett Punkt 1 bis zum 2.3. erledigt. Meines Wissens ist bis heute dazu nichts passiert! Warum?" Unheilvolle Stille senkt sich über den Raum. Frau Nett räuspert sich, Kollege Mayer blättert in seinen Unterlagen. X spricht ihn direkt an: „Herr Mayer, was haben Sie dazu zu sagen?" „Ja, also, das war so: Ich habe gleich nach dem letzten Meeting begonnen, die notwendigen Unterlagen zu sammeln und an Frau Nett weiterzuleiten. Dann ..." „Moment!", unterbricht ihn Frau Nett, „ich habe bis heute nichts von Ihnen bekommen! Alles, was bisher in dieser Angelegenheit passiert ist, war auf meine eigene Initiative! Sie antworten ja nicht einmal auf meine E-Mails!" Und schon ist die heftigste Diskussion im Gange. Anschuldigung folgt auf Anschuldigung und wird recht und schlecht mit diversen Verteidigungsargumenten gekontert. Die meisten anderen Teilnehmer ziehen den Kopf ein, froh, einmal nicht in der Schusslinie zu sein, aber auch verärgert, weil bei diesem Meeting offensichtlich wieder nichts herauskommen wird – außer schlechte Stimmung im Team ...

Finden Sie dieses Szenario zu weit hergeholt? Zu unrealistisch? Solche Abteilungsleiter gibt es bei Ihnen nicht? Leider beginnen viele Meetings so oder in ähnlicher Form. Ist es also hemmend, als Moderator Unerledigtes am Anfang eines Meetings anzusprechen? Grundsätzlich nicht! Die Hauptsache ist dabei jedoch, keine Spirale von Angriff und Verteidigung entstehen zu lassen. Eine dem Moderator hilfreiche Methode ist die „Controllers-Window-Methode".

Controllers Window

Sie hilft, gleich zu Beginn eines Meetings, beim Abhandeln der nicht erledigten Punkte der To-do-Liste, überzogene Emotionen zu verhindern. Denn wenn schon bei diesem Punkt die Stimmung in Angriff und Verteidigung umschlägt, wird es für den Moderator schwer, die negative Stimmung im weiteren Verlauf wieder zu vertreiben.

Wurde ein Punkt nicht erledigt, besteht also eine Soll-Ist-Abweichung, gehen Sie in vier Schritten („Kontrollfenstern") vor:

1. **Kontrollfenster:** Hier wird rein **sachlich beschrieben**, worin genau die Abweichung besteht, was konkret nicht erledigt wurde. Der Stil ist dabei rein beschreibend, wie in einem Polizeibericht.
2. **Kontrollfenster:** Hier geht es um die **Ursachen**. Aus welchem Grund wurde die Vorgabe nicht erreicht? Auch hier werden lediglich die Tatsachen in beschreibender Form dargestellt, ohne Schuldzuweisung.
3. **Kontrollfenster:** In diesem Fenster steht die Frage „Was geschieht, wenn wir jetzt nichts tun?" im Mittelpunkt. Diese Form der **„Crash-Analyse"** fördert oft Erstaunliches zu Tage. War diese Anordnung überhaupt nötig? Lässt sich die Aufgabe in eine erst jetzt zu erledigende integrieren? Auf alle Fälle konzentriert sich der Blick aller Beteiligten an dieser Stelle auf Lösungen.
4. **Kontrollfenster:** In diesem Fenster werden die **konkreten Maßnahmen** definiert, die zu treffen sind, um das gesetzte Ziel zu erreichen. Wird die Aufgabe neu vergeben? Wer unterstützt den bisherigen Beauftragten? Welche neuen Prioritäten und Termine gibt es? Wird die Aufgabe ganz aus der Liste gestrichen?

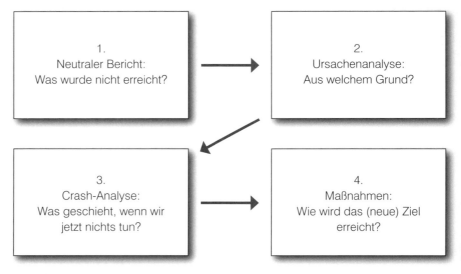

Abb.: Controllers Window

Bestimmte Widerstände, die während einer Sitzung auftreten können, sind in gewisser Weise vorprogrammiert. In jedem Unternehmen gibt es Abteilungen, die über unternehmerische Prozesse unterschiedlicher Auffassung sind. So sieht ein IT-Mitarbeiter die eigene Firma anders als jemand aus dem Marketing. Einkauf und Verkauf vertreten naturgemäß unterschiedliche Standpunkte, genauso wie Produktion und Verkauf oder die Zentrale und die Filialen. Diese Liste ist beliebig fortsetzbar. In jedem Unternehmen gibt es „natürliche Feinde". Oft schüren gegenseitige Vorurteile noch zusätzlich Misstrauen und nicht selten kommt es dann gerade bei entscheidenden Sitzungen zum Ausbruch dieser Konflikte.

Diese Spannungen haben meist wenig mit der eigentlichen Sachfrage zu tun. Sie sind auch nicht unbedingt Ausdruck persönlicher Antipathien, sondern entstehen oft aufgrund eines automatisch vorhandenen Gruppen-Zugehörigkeitsgefühls:

„Wir vom Verkauf sehen das anders!"

„Es war zu erwarten, dass die Kollegen vom Marketing kein Gefühl für die Kosten haben!"

„Die in der Zentrale haben keine Ahnung, was sich an der Front draußen abspielt!"

„Wir vom Verkauf brauchen schnelle Lösungen, keine umständlichen und unverständlichen Erklärungen von den IT-lern."
„Ohne uns im Verkauf wären die in der Produktion schon längst ihren Job los!"
Solche und ähnliche Sätze prägen das Gesprächsklima. Sie sind oft nichteinmal an eine bestimmte Person gerichtet. Der jeweilige Vertreter der angesprochenen Abteilung steht stellvertretend für alle aus seiner „Gruppe".

In vier Schritten Widerstände auflösen

Der Moderator hat auf diese Grundeinstellung wenig Einfluss. Seine Aufgabe ist es, immer wieder auf das gemeinsame Ziel hinzuweisen und das Gemeinsame zu betonen. Im Vordergrund steht dabei die Aufgabe, die Sachfrage, um die es geht, von der Emotion zu trennen. Das gelingt dann, wenn Sie als Moderator die Emotionen nicht einfach ignorieren, sondern in einem ersten Schritt akzeptieren. Wer versucht, die vorhandenen und deutlich geäußerten Emotionen zu negieren („Wir sind ja hier alle erwachsene Menschen!"), kann auf den „Wasserball-Effekt" stoßen. Wie bei einem Wasserball, den man unter Wasser halten will, schießen unterdrückte Emotionen genau dann an die Wasseroberfläche, wenn keiner mehr damit rechnet.

In einem nächsten Schritt spiegeln Sie den Teilnehmern ihre Mitverantwortung und fordern sie auf, Lösungen zu suchen. Dann erst gelingt die Problembearbeitung mit Hilfe einer der in Kapitel 2 beschriebenen Methoden. Schließlich werden die Ergebnisse so präsentiert, dass es keine Gewinner und Verlierer gibt, sondern alle gemeinsam das Ziel erreicht haben. Niemand soll dabei das Gesicht verlieren.

1. **Schritt:** **Emotion akzeptieren**: Spiegeln Sie eine offen geäußerte Emotion, in dem Sie diese beschreibend, möglichst neutral formuliert, wiederholen. „Sie sagen, die Abteilung X ist nicht informiert …" Dann machen Sie bewusst eine kurze Pause und schauen denjenigen Teilnehmer, der den emotionalen Einwand vorgebracht hat, fragend an. Meist relativiert er dann seine ursprüngliche Aussage oder nimmt sie sogar zurück. Sprechen Sie allerdings nur Emotionen an, die auch tatsächlich verbal oder nonverbal geäußert wurden. Vermutungen

über Vorurteile schaden der Moderation („Ich weiß, Sie vom Einkauf werden jetzt gleich wieder einwenden ...").

2. **Schritt:** **Mitverantwortung ansprechen:** Rufen Sie die Teilnehmer vom ersten Moment an auf, sich über Wege, wie die Kluft zwischen ihnen überbrückt werden kann, Gedanken zu machen. „Ich sehe, dass Sie dieser Punkt verärgert. Was schlagen Sie vor, um zu einer gemeinsamen Gesprächsbasis mit Abteilung X zu gelangen?"

3. **Schritt:** **Die Methode wird festgelegt:** Lassen Sie den Teilnehmern nicht allzu viel Spielraum bei der Auswahl der Methode. Sie sind der Moderator und Sie geben die Methode vor. Wichtig ist dabei jedoch, den Teilnehmern klar zu kommunizieren, dass diese Auswahl in ihrem Interesse erfolgt ist und nicht eigennützig von Ihnen bestimmt wurde. Geben Sie den Teilnehmern das Gefühl, selbst ausgewählt zu haben. Das gelingt dadurch, dass Sie den Nutzen ansprechen, den die Teilnehmer davon haben: „Um auf Ihre unterschiedlichen Meinungen und Standpunkte einzugehen, schlage ich vor, die Aufgabe folgendermaßen anzugehen ..."

4. **Schritt:** **Ergebnisse sichern:** Die von der Gruppe erarbeiteten Maßnahmen werden aufgeschrieben. Gibt es immer noch Widerstände, hilft die Frage: „Was passiert, wenn wir gar nichts machen?" meist weiter. Achten Sie auf eine betont sachliche Darstellung der Ergebnisse. Es darf dabei keine Gewinner und Verlierer geben, niemand soll sein Gesicht verlieren.

Was Sie als Moderator sonst noch beachten sollten

- **Hören Sie genau zu** und beobachten Sie die Teilnehmer. Deren Körpersprache verrät mehr als das gesprochene Wort. Achten Sie in jeder Phase konsequent auf eine **wertschätzende Kommunikation**.
- **Vermeiden Sie Machtkämpfe** mit den Teilnehmern – es geht um die Sache, um den Nutzen für die Teilnehmer und nicht um Ihre Position.
- Argumentieren Sie **nutzenorientiert** und aus der Sicht der Teilnehmer. Verändern Sie speziell in Diskussionen auch Ihre eigene Körpersprache immer wieder, um Beweglichkeit zu signalisieren.

- Akzeptieren Sie Ihre **eigenen Emotionen**, aber bekämpfen Sie vorschnelle Urteile. Stellen Sie sich die innere Frage „Ich bin gespannt, wie ich morgen diese Situation bewerten werde ..."
- Definieren Sie immer wieder einen **gemeinsamen Nenner** in der Runde, egal, wie klein dieser auch immer ist. Ein Zurückgehen auf die gemeinsame Basis bringt das Gespräch wieder in eine positive Richtung: „Wir waren uns doch einig, dass ..."
- Erzeugen Sie zwischendurch immer wieder **Zustimmung**.
- Verwenden Sie die **„Echo-Antwort"** und wiederholen Sie den Einwand in Frageform: „Habe ich richtig herausgehört, Sie meinen, dass ...?" Während der Teilnehmer seine Aussage wiederholt, haben Sie Zeit, sich eine passende Vorgehensweise zu überlegen. Außerdem ist in der „zweiten Fassung" des Vorwurfs meist der größte Dampf bereits abgelassen und die Sache rückt stärker in den Vordergrund.
- Ergreifen Sie nie Partei. Ihre Haltung soll zu jeder Zeit **neutral sein**, nur dann sind Sie glaubwürdig und haben einen positiven Einfluss auf den weiteren Ablauf.
- Verweisen Sie notfalls immer wieder auf die **gemeinsamen Spielregeln**: „Wir haben vereinbart ..."

Was tun, wenn ein Teilnehmer dem Moderator seine Rolle streitig macht?

Nicht immer ist die Rolle des Moderators unumstritten. Wenn z. B. die Assistentin moderieren soll, ein Teilnehmer sie jedoch in die Rolle der Protokollführerin drängen will, kann es schwer für sie sein, sich zu positionieren. Es hilft, vorab mit dem Chef eine Strategie zu entwickeln und sich seiner Rückendeckung zu versichern. Dieser sollte die Moderatorin unbedingt am Anfang der Besprechung explizit als solche vorstellen.

Was tun, wenn die Gruppe die vorgeschlagene Methode ablehnt?

Reagieren Sie nicht persönlich beleidigt auf ein Infragestellen Ihrer vorbereiteten Methode. Versachlichen Sie die Situation, indem Sie eine Detailfrage stellen, an eine bestimmte Person gerichtet, um den Gruppeneffekt (alle fühlen sich gemeinsam stark) zu umgehen. „Was genau ist an dieser Methode aus Ihrer Sicht nicht geeignet für unsere heutige Aufgabenstellung?" Bei konstruktiver Kritik seitens der Teilnehmer fragen Sie ruhig nach einer Wunsch-Alternative. Damit beweisen Sie Flexibilität und „Kundenorientierung". Lassen Sie sich aber trotzdem die Leitung nicht aus der Hand nehmen. Schlagen Sie eine Alternative vor.

Körpersprache

Die nonverbalen Signale, die die Teilnehmer aussenden, geben Ihnen eine Fülle von Informationen. Jeder von uns reagiert auf diese Signale, allerdings vorrangig unbewusst. Die „Übersetzung" in unser Bewusstsein hat jedoch ihre Tücken. Nicht immer lässt sich 1:1 einer Geste eine klare Aussage zuordnen. Es gibt z. B. viele Gründe, warum sich jemand an die Nase fasst:

- Er zweifelt am Gesagten des anderen.
- Er stellt seine eigene Wortmeldung in Frage.
- Er sagt nicht ganz die Wahrheit, hält etwas zurück („Pinocchio-Effekt").
- Die Nase juckt tatsächlich.

Gehen Sie daher behutsam mit der Deutung der körpersprachlichen Signale um. Erst das Gesamtbild bzw. die ganzheitliche Sicht ergeben eine Aussage. Trotzdem wollen wir hier einige Haltungen und Gesten anführen, auf die ein Moderator achten sollte:

- **Vor dem Körper verschränkte Arme**: Entgegen der häufig geäußerten Ansicht, dass es sich dabei stets um eine ablehnende Haltung handelt, bedeutet dies aus unserer Sicht keineswegs immer ein negatives Signal. Verschränkte Arme sind eine durchaus bequeme Zuhörerhaltung. Ist der Gesichtsausdruck offen, der Teilnehmer entspannt zurückgelehnt, ist er einfach im Moment gerade eher auf Empfang eingestellt. Sollte es im Raum eher kühl sein, kann diese Haltung, wenn sie mit vorgezogenen Schultern einhergeht, ganz einfach ausdrücken: „Mir ist kalt." Wenn jemand sich jedoch, während er spricht, plötzlich zurücklehnt und die Arme verschränkt„ gibt er zu erkennen, dass er gerade mit dem Thema abgeschlossen hat und nicht mehr uneingeschränkt offen ist für eine andere Meinung. „Öffnen" Sie ihn, indem sie ihm eine Frage stellen oder eine Unterlage reichen. Sobald er sich wieder vorbeugt, ist er wieder stärker in das Gespräch integriert.

- **Massieren der Nase, der Stirn oder Griff in den Nacken:** Wer diese Bewegungen häufig ausführt, aktiviert damit die Gehirnströme, er denkt nach und sucht nach neuen Ideen. Binden Sie diesen Teilnehmer ins Geschehen ein, er sucht nach sachlichen Lösungen.
- **Deutliche Lippenbewegungen, Massieren der Mundwinkel oder des Kinns:** Da sucht gerade jemand nach neuen, stichhaltigen Argumenten. Er möchte etwas sagen, findet aber noch nicht die aus seiner Sicht passenden Worte. Wird so jemand in der Diskussion übergangen, kommen die Widerstände später zu Tage. Stellen Sie daher dieser Person eine Frage. Äußert sie sich nicht klar, stellen Sie ihr noch eine Zustimmungsfrage und holen Sie sich auf diese Weise das O.K. für die Fortführung der Besprechung.
- **Über den Unterlagen verschränkte Finger:** Da will sich jemand nicht so gerne in die Karten blicken lassen. Nimmt er dabei auch noch eine sehr starre, statische Haltung ein, ist er wahrscheinlich im Moment nicht bereit, seine Ansicht zu ändern. Auch hier hilft es, denjenigen direkt anzusprechen und nach seinem Vorschlag zu fragen.
- **Hochgezogene Schultern:** Wer wie eine Schildkröte den Kopf einzieht, sperrt die Beweglichkeit seines Halses, er kann schwer nach rechts und links schauen. Ebenso ist es um seine innere Haltung bestellt. Geistige Beweglichkeit fällt ihm im Moment schwer. Solange jemand seine starre Körperhaltung nicht ändert, ändert er auch seine innere Haltung nicht. Sitzen mehrere Teilnehmer „erstarrt" in der Runde, ist es Zeit für eine Pause oder eine andere Form der physischen Aktivierung: Aufstehen, Platzwechsel und damit auch Perspektivenwechsel.
- **Einheitliches Übereinanderschlagen der Beine in eine Richtung:** Bei einer offenen U-Tafel hat der Moderator die Möglichkeit, auch die Haltung und Bewegung der Beine zu beobachten. Diese drücken Gefühle und innere Einstellungen noch viel direkter aus als z. B. das Gesicht. Wir haben unseren Körper nach unten hin immer weniger im körpersprachlichen „Griff". Schlagen bei einem angesprochenen Punkt einige Teilnehmer ihre Beine in eine einheitliche Richtung weisend übereinander, ist das ein klares Signal, dass sich alle angesprochen fühlen und einer Meinung sind. Möglicherweise hat sich da eben eine breite Front entwickelt.

- **Betont lässiges Zurücklehnen und Verschränken der Arme hinter dem Kopf:** Wir meinen hier nicht das bewusste Durchdehnen und Verändern der Haltung während einer langen Sitzung. Das sei jedem Teilnehmer zugestanden und kann seinen Energiefluss und die Sauerstoffversorgung im ganzen Körper fördern. Woran wir denken, ist die bewusst provokant eingenommene Haltung, die nichts anderes bedeutet als demonstrierte Überlegenheit. Da will jemand den anderen signalisieren: „Ihr seid alle keine Gegner für mich, ich kann mich offen präsentieren, ich fürchte euch und eure Worte nicht." Diese Haltung schüchtert andere, eher zurückhaltende Teilnehmer ein. Häufig ändert sich diese Haltung, wenn der Betreffende eine Aufgabe gestellt bekommt. Oder der Moderator ihn bittet, etwas aufs Flipchart zu schreiben.

Achten Sie besonders in kritischen Situationen auf Ihre eigene Körpersprache!

Eine aufrechte Haltung, beide Beine am Boden und ein Ausnützen der gesamten Sitzfläche geben Sicherheit und Bodenhaftung. Im Stehen ist ein sicherer Stand auf beiden Beinen auch die Grundlage für einen klaren Standpunkt. Achten Sie auf den so wichtigen Blickkontakt und eine natürliche, nicht übertriebene Gestik. Die Sprache der Hände soll die gesprochene Sprache unterstützen und unterstreichen, aber nicht durch exaltierte oder gegensätzliche Handbewegungen einschränken.

Tipp

Legen Sie Stifte und andere Schreibgeräte aus der Hand, wenn Sie sie gerade nicht benötigen. Nervosität zeigt sich immer auch am Gebrauch dieser „Waffen". Wer nervös mit dem Kugelschreiber spielt oder den Stift aggressiv in Richtung des Gesprächspartners richtet, sammelt keine rhetorischen Pluspunkte!

Wenn es ernst wird: Interventionstechniken in der Moderation

Werden die Widerstände zu groß, brechen offene Konflikte zwischen einzelnen Teilnehmern auf oder dreht sich die Gruppe im Kreis, rückt das Erreichen des angestrebten Ziels in immer weitere Ferne. Da wird es für den Moderator Zeit, einzugreifen.

Ein guter Moderator sollte nicht gleich mit Kanonen auf Spatzen schießen, sondern sein Eingreifen stufenweise gestalten:

1. Stufe: **Der spontane Appell** – Starten Sie zunächst eine Art Aufruf an den „Störer", ohne zu sehr auf sein Verhalten einzugehen. Die Formulierung sollte eher allgemein gehalten sein und das „Wir" betonen:
„Lassen Sie uns fortfahren."
„Wir waren uns einig, dass ..."
„Wir haben vereinbart, ..."
2. Stufe: **Die Frage als leichte Intervention** – Stellen Sie eine positiv formulierte Zustimmungsfrage. So schwächen Sie aufkeimende Konflikte ab.
„Sind Sie einverstanden, wenn wir uns der Lösung dieser Aufgabe zuerst widmen?"
„Ist es in Ordnung, wenn wir diese wichtige Frage gleich im Anschluss bearbeiten?"
3. Stufe: **Feedback als Verstärkung der Intervention** – Sollte das störende Verhalten weiter fortgesetzt werden, machen Sie demjenigen bewusst, wie sein Verhalten nach außen wirkt, und zwingen Sie ihn, sich in die Lage des Angegriffenen zu versetzen. Zeigen Sie die Konsequenzen des kontraproduktiven Handelns auf:
„Wenn Sie jetzt an der Stelle von Frau Meier wären, wie würden Sie argumentieren?"
„Wir haben für diesen Punkt ein klares Ziel vereinbart. Ihre Einwände bringen uns weg vom Weg zu diesem Ziel."
4. Stufe: **Die Konfrontation als stärkste Waffe** – Diese letzte Stufe der Intervention wirkt am deutlichsten unter vier Augen. Der Angesprochene fühlt sich nicht durch das „Publikum" zusätzlich in die Enge getrieben, was ein sachliches Reagieren seinerseits fast schon unmöglich machen würde.

„Unser Ziel ist es, ein konstruktives Ergebnis zu erzielen. Ihre häufigen emotionalen Einwände machen das nicht möglich. Daher schlage ich vor, ..."

„Ich höre heraus, dass Sie mit diesem Punkt nicht einverstanden sind. Trotzdem bitte ich Sie, konstruktiv eine Lösung vorzuschlagen. Was ist aus Ihrer Sicht machbar?"

Folgende weitere **Interventionstechniken** sollen Ihnen in speziellen Situationen helfen, die Moderation im Griff zu behalten.

Gegenfrage

Die Frage ist Ihre stärkste Waffe, wenn es ernst wird. Sie können Sie auf allen vier oben beschriebenen Stufen einsetzen:

- Hinterfragen Sie störende Einwürfe: „Was meinen Sie genau mit ...?"
- Wiederholen Sie die Aussagen als Frage: „Sehe ich das richtig, Sie meinen ...?"
- Spiegeln Sie dem anderen seine negative Emotion: „Dieser Punkt scheint für Sie negativ. Was genau ...?"
- Fordern Sie in Frageform eine Lösung ein: „Welche Lösung schlagen Sie konkret vor?"
- Stellen Sie eine Verständnisfrage: „Zum besseren Verständnis für alle: Darf ich Sie bitten, diesen Punkt noch einmal zu konkretisieren?"

Diese Technik hat mehrere **Vorteile**:

- Wer durch eine Gegenfrage gezwungen wird, das von ihm Gesagte noch einmal zu wiederholen, relativiert übertriebene und emotional zu heftig geratene Aussagen. Beim zweiten Mal ist meist schon weniger Emotion im Spiel und die Sache steht im Vordergrund.
- Während der Teilnehmer sein Anliegen ein zweites Mal formuliert, haben Sie als Moderator Zeit, sich Ihr weiteres Vorgehen zu überlegen.
- Die Antwort des Teilnehmers liefert möglicherweise zusätzliche Informationen, die zur weiteren Klärung wichtig sind.
- Sie spiegeln nicht sofort Ihre eigene, vielleicht ablehnende oder verärgerte Emotion zurück, sondern gelangen auf diese Weise leichter zur Rolle des Neutralen zurück.

- Sie zwingen den Teilnehmer mit einer Gegenfrage in die Verantwortung, seinen Vorwurf/Einwand präziser zu Ende zu denken und mit konkreten Lösungsvorschlägen einen konstruktiven Beitrag zu leisten.
- Durch eine Frage fühlt sich der Teilnehmer ernst genommen, fühlt sich auch in seinen Emotionen verstanden (besonders, wenn seine Emotion in Frageform gespiegelt wird).

„Vogelperspektive"

Diese Interventionstechnik dient dazu, die Situation wieder zu versachlichen, wenn die Atmosphäre zu aufgeladen wird. Übertriebene Emotionen werden von den Teilnehmern erkannt und somit leichter überwunden.

Der Moderator fordert die einzelnen Teilnehmer auf, sich von ihren Plätzen zu erheben und an den Rand des Raums zu stellen, und zwar mit Blick auf den Besprechungstisch. Jetzt schildert jeder Teilnehmer, wie er die Situation als neutraler Beobachter, aus der Vogelperspektive, wahrnimmt: Was ist aufgefallen? Wie haben die beteiligten Personen reagiert? Welche Formulierungen haben sie verwendet? Diese distanzierte Beobachtung rückt das Geschehene in eine neue Perspektive. Die meisten Teilnehmer können wieder mehr die Sache sehen, die persönlichen Befindlichkeiten rücken in den Hintergrund. Nicht unwesentlich ist dabei auch der physische Perspektivenwechsel: Wer die Szene aus einem anderen (örtlichen) Blickwinkel sieht, erkennt manches klarer und distanziert sich ein Stück von den eigenen Emotionen.

Reagieren auf Killerphrasen

Gerät das Gespräch in eine Sackgasse, tauchen häufig Killerphrasen auf. Die Teilnehmer drücken damit ihre Ohnmacht aus, Lösungen rücken in weite Ferne.

Killerphrasen sind Sätze, die ohne weitere Begründung in den Raum geworfen werden. Sie entfachen jede Menge Emotion bei den anderen Gesprächsteilnehmern und sind oft schwer zu kontern. Trotzdem sind sie Ausgangspunkt eines heftigen Wortwechsels ohne Ergebnis. Sie haben meist negativen Inhalt und werten andere bewusst ab. Sie dulden kaum Widerspruch und sind darauf angelegt, den Gesprächspartner mundtot zu machen. Sie wirken bremsend und einengend. Kurz: Sie streuen massiv Sand ins Getriebe jeder Besprechung! Beispiele aus den Sitzungszimmern dieser Welt gefällig?

„Das haben wir noch nie so gemacht!"

„Das funktioniert bei uns nicht!"
„Das wird nie so durchgehen!"
„Sie haben ja keine Ahnung!"
„Da fehlt Ihnen offensichtlich die Erfahrung/der Einblick/der Durchblick!"
„Sie machen es sich als Moderator schon sehr einfach!"

Was also dagegen tun?
- Auf die erste, plötzlich auftauchende Killerphrase sollten Sie im ersten Moment nicht reagieren. Handelt es sich dabei um eine typische notorische Nörgelei eines Teilnehmers, werden zunächst alle anderen dankbar sein, wenn der Einwand nicht sofort aufgegriffen wird. Im Idealfall verstummt der Nörgler auch wieder, wenn er auf keine Resonanz stößt.
- Taucht der Einwand in Form einer Killerphrase nachdrücklich wieder auf, können Sie als Moderator ihn nicht überhören. Er stellt dann einen direkten Angriff dar, alle anderen Teilnehmer beobachten, wie Sie reagieren, und fragen sich, wie dieser „Machtkampf" wohl ausgehen wird.
- Fragen Sie nach: „Was konkret meinen Sie mit ...?" So können Sie erkennen, ob es sich um ein „Scheingefecht" handelt und der Sprecher sich wieder zurückzieht oder ob er weiter zum Angriff bereit ist.
- Wiederholen Sie möglichst wortgetreu den Satz des anderen: „Wenn ich Sie richtig verstanden habe, meinen Sie, dass mir zu diesem Punkt jegliche Kenntnis fehlt?" Wer seine eigenen Worte aus dem Mund eines anderen wiederholt hört, formuliert sie meist sachlich, wenn er nicht voll und ganz dieser Meinung ist, sondern einfach ein wenig provozieren wollte (siehe auch Punkt Gegenfrage).
- Beharrt der Teilnehmer auf seiner Meinung und schickt vielleicht gleich den nächsten Killersatz hinterher, ist es hilfreich, den wahren Grund seines Einwands zu erkennen. Bezeichnen Sie den Killersatz bewusst als Argument und rücken Sie ihn so in einen neuen Kontext: „Darf ich Sie bitten, Ihr Argument zu konkretisieren?" Handelt es sich bei dem Einwand um einen sachlich begründeten, wird er ebenfalls auf die Sachebene wechseln.

- Geben Sie die Killerphrase an alle in der Runde weiter: „Wie sehen das die anderen Teilnehmer?" Meist wird schnell klar, dass der Teilnehmer mit seiner Negativsicht alleine steht.
- Fordern Sie eine Lösung ein: „Wie sieht Ihre Alternative aus?" Provozieren und Dagegensein ist eines, konstruktive Lösungen anzubieten eine ganz andere Sache. Die meisten „Killerphrasler" ziehen sich bei dieser Forderung zurück, sie haben keine Vorschläge, nur Einwände.

Reviewtechnik

Was tun, wenn die Besprechung festgefahren ist, die Fronten verhärtet sind und sich nichts mehr bewegt?
- Time-out! Eine Pause machen. Bewegung im physischen Sinn hilft oft auch, die geistige Wendigkeit wiederzuerlangen. Frische Luft unterstützt es zusätzlich, den Kopf wieder frei zu bekommen.
- Nach der Pause fasst der Moderator das bisher Erreichte zusammen: Wo stehen wir? Der zuletzt erzielte gemeinsame Nenner wird dabei betont: Wo sind wir uns einig? Wo haben noch alle eine gemeinsame Basis?
- Danach zählt der Moderator jene Punkte auf, bei denen keine Einigkeit erzielt werden konnte.
- Demgegenüber stellt er die vorgegebene und/oder vereinbarte Zielsetzung: Wo wollen wir hin?
- Weiter hilft ein Visualisieren der derzeitigen Situation.
- Im Anschluss wird die gemeinsame künftige Vorgehensweise erarbeitet: Wie geht es weiter? Wie erreichen wir gemeinsam unsere Ziele?
- Ergibt diese Analyse, dass die derzeitige Situation die Zielerreichung unmöglich macht, können sich die Teilnehmer nicht auf ein gemeinsames weiteres Vorgehen einigen oder ist der vorgegebene Zeitrahmen überschritten, ist es besser, die offenen Punkte zu vertagen, verbunden mit der Aufgabenverteilung: Wer soll was bis wann in welcher Form abklären/erledigen, um bei der nächsten Besprechung leichter voranzukommen?
- Ein starres Festhalten am vorbereiteten Weg hilft in sehr festgefahrenen Situationen meist nicht weiter. Besonders emotionale Barrieren lösen sich nicht so einfach in Luft auf. Hier hilft es oft eher, Abstand zu gewinnen.

- Prinzipiell steht der Konsens bezüglich der übergeordneten Zielsetzung im Mittelpunkt: Worum geht es in der Gesamtheit? Sind allen Teilnehmern die Rahmenbedingungen klar?

Persönliche Angriffe

Immer, wenn die Intervention des Moderators gefordert ist, steht er besonders im Scheinwerferlicht. Wie bewältigt er die Situation? Ist die Stimmung aufgeladen, kann es in dieser Phase durchaus passieren, dass er plötzlich zur Zielscheibe von Kritik wird und persönlichen Angriffen ausgesetzt ist. Bei „harmloseren" Attacken, die es noch ermöglichen, einigermaßen gelassen zu reagieren, geben Sie die Anschuldigung in die Runde zurück: „Wie sehen das die anderen?" Meist entschärft dieses Vorgehen den Angriff. Schwierig wird es allerdings dort, wo der Angreifer eine starke Position innerhalb der Gruppe hat, z. B. als Opinionleader wahrgenommen wird. Dann ist dieses Vorgehen problematisch, weil es zu einem Machtkampf zwischen dem Moderator und der gesamten Gruppe kommen kann. Sind die Teilnehmer aber eher neutral oder als Gruppe nicht so klar formiert, hilft diese Methode, den Angreifer zu isolieren und somit abzuwehren.

Ist der Angriff heftiger, ist es besser, die Veranstaltung zu unterbrechen und die Pause dazu zu nutzen, in einem Einzelgespräch die Situation zu klären. Was steckt hinter dem Angriff? Was hat diese Aggression ausgelöst? Wichtig ist es dabei, ein weiteres Vorgehen im Sinne der Gesamtgruppe zu vereinbaren. Fordern Sie vom anderen einen konstruktiven Vorschlag.

Nach der Pause sprechen Sie als Moderator die Situation an und formulieren dabei möglichst positiv. „Es ist gut, dass wir hier sehr offen diskutieren und auch Konfrontationen nicht scheuen. Wichtig ist aber der Erhalt einer positiven und konstruktiven Gesprächskultur, um das gemeinsame Ziel zu erreichen."

Hilfreich ist es, zu klären, was hinter dem Konflikt steht. Ist er stellvertretend für ein tiefer liegendes Problem? Manchmal muss der Moderator als Stellvertreter herhalten und ist somit nicht persönlich gemeint. Diese Erkenntnis hilft, den Angriff nicht zu nahe an sich heranzulassen.

Hat der Angriff zum Ziel, Sie persönlich zu provozieren, ist es wesentlich, das Duell nicht zuzulassen. Es geht hier nicht um einen rhetorischen Machtkampf, sondern um die gemeinsame Suche nach Lösungen und Beschlüssen. Betonen Sie das auch: „Im Sinne einer sachlichen Lösung dieser Frage schlage ich vor, zu Punkt X zurückzukehren."

Vermeiden Sie den offenen Gesichtsverlust des anderen. Es ist immer ein kurzfristiger Sieg, wenn seine Killerphrase als solche entlarvt wird. Sie haben als Moderator einen Feind für lange Zeit generiert, der nicht ruhen wird, bis er sich wieder rächen kann. Vorsicht, denn es kostet unnötig viel Energie, sich immer wieder diesen Duellversuchen zu stellen.

Der Umgang mit schwierigen Teilnehmern

Immer wieder stößt man in der Moderation auf Teilnehmer, die von ihrer Persönlichkeitsstruktur nicht in eine Gruppe passen oder aufgrund ihres Verhaltens anecken. Ein guter Moderator nutzt die Stärken jedes Teilnehmers und geht gelassen mit den Schwächen um. Es ist daher auch seine Aufgabe, „Schwierige" nutzenbringend einzubinden.

Wir wollen hier stellvertretend für viele unterschiedliche Typen einige häufig anzutreffende betrachten:

Der Querdenker

In vielen Teams besteht eine klare Tendenz zum „gemeinsamen Denken". Konsens gilt als hoher Wert. Trotzdem gibt es immer wieder Menschen, die schon rein aus Prinzip eine Gegenposition einnehmen. Wenn alle dafür sind, muss an der Sache etwas faul sein. Für den Moderator ist es mühsam, wenn dann, wenn er schon fast am Ziel angelangt ist, alle ihre Zustimmung signalisieren, der Querdenker auf den Plan tritt. Soll der Moderator nun wirklich nochmals zurück an den Start und alle Ideen des Querdenkers aufgreifen?

Tipp

Was Sie nie zu ihm sagen sollten: „Wollen Sie sich nicht auch der Mehrheit anschließen?"

- Wichtig ist es daher, Querdenker möglichst früh zu identifizieren. Je eher er seine Ideen in das Geschehen miteinbringt, desto besser.
- Binden Sie den Querdenker bewusst in den Arbeitsprozess mit ein, indem Sie ihm eine Funktion übertragen. Er ist z. B. zuständig für

die ausgefallenen, absurden, kreativen Lösungsansätze, die dem Rest der Gruppe helfen, die eigenen Lösungen nicht zu eng und phantasielos anzudenken.
- Achten Sie dabei darauf, dass der Querdenker nicht in ein negatives Eck rutscht. Er soll für die anderen nicht zum Nörgler, zum Alles-schlecht-Macher werden. Daher ist es hilfreich, seine Rolle im Team positiv zu beschreiben. Erklären Sie der Gruppe den Wert dieser Rolle: Wenn eine Mehrheit einer Meinung ist, traut sich oft ein Einzelner nicht, eine gegenteilige Position zu beziehen – er schweigt oder stimmt ebenfalls zu. So entstehen oft krasse Fehlentscheidungen, die durch die Einwände eines Querdenkers verhindert werden könnten, wenn sich dieser traut, seine von der Mehrheit abweichende Meinung zu äußern. „Nutzen" Sie also die Fähigkeiten des Querdenkers bewusst und zeigen Sie sich dankbar für seine Einwände, die eine „falsche Massenentscheidung" zu verhindern helfen.

Der Vielredner

Dieser Typ ist wohl in fast jeder Besprechung anzutreffen. Er redet gefragt und ungefragt, hauptsächlich möglichst lange und umfassend. Was häufig dahinter steckt: Er denkt umständlich, will Veränderungen vermeiden, indem er Vorschläge zerredet, will Beachtung, will aber wenn möglich keine Verantwortung übernehmen und neigt bisweilen zum Besserwissertum.

Jeglicher Druck auf den Vielredner wird meist mit einem noch größeren Wortschwall gekontert. Hat er das Gefühl, man wolle ihn einbremsen, erhöht er seine Anstrengungen, möglichst viel zu sprechen und umständlich zu formulieren.

Tipp

Was Sie nie zu ihm sagen sollten: „Darf ich Sie bitten, sich kurzzufassen!"

Interventionstechniken für den Vielredner:
- Obwohl eine allseits bekannte Kommunikationsregel besagt, man solle den anderen ausreden lassen, ist es manchmal unumgänglich, einen Vielredner zu stoppen. Unterbrechen Sie ihn elegant, indem

Sie ihn zunächst mit seinem Namen ansprechen und ihm anschließend eine Frage stellen. Diese Frage muss sich aber auf eine reine Zustimmungsfrage beschränken (siehe Kapitel 2 „Fragetechniken für Moderatoren"): „Herr Meier, meinen Sie …, ist das so?" Lassen Sie dann aber den Angesprochenen seine Aussage nicht nochmals wortreich erläutern, sondern unterbrechen Sie wieder nach dem ersten „Ja, …" und bedanken Sie sich für seinen Beitrag. Das nimmt ihm den Wind etwas aus den Segeln. Dann erteilen Sie das Wort sofort einem anderen Teilnehmer. „Danke, Herr Meier. Was meinen Sie dazu, Frau Frisch?" Ein guter Moderator wechselt jetzt bewusst zu einem Teilnehmer, von dem er sich einen eher klar strukturierten, sachlichen und kurzen Beitrag erwartet. Mag diese Methode auch bisweilen autoritär wirken, so gibt sie dem Moderator doch die Möglichkeit, die Zügel straff in der Hand zu behalten und den Takt vorzugeben. Die anderen Teilnehmer werden es ihm danken.

- Eine weitere Möglichkeit ist das bewusste Ansprechen der Regel zur vereinbarten Sprechzeit pro Beitrag. Auch da ist es sinnvoll, mit dem Namen des anderen zu beginnen: „Herr Meier, wir haben vereinbart, die Sprechzeit pro Wortmeldung auf rund zwei Minuten zu beschränken. Um Ihren Beitrag für alle deutlich zu machen, ersuche ich Sie, diese Zeit einzuhalten." Geben Sie so dem Vielredner, den Sie „disziplinieren", auch einen Vorteil mit. Es geht ja auch tatsächlich darum, seinen Beitrag nicht zu zerreden. Präzise und eindeutig formulierte Argumente bleiben bei den anderen besser haften.

- Haben Sie mehrere hartnäckige Vielredner in der Runde, ist die Kartenabfrage eine gute Methode (siehe Kapitel 2 unter „Moderationstechniken für alle Fälle"). Wer gezwungen wird, Argumente schriftlich festzuhalten, formuliert automatisch knapper und präziser.

- Wenn Sie als Moderator die Beiträge der Teilnehmer auf das Flipchart schreiben, hilft die unterbrechende Frage „Was konkret wollen wir notieren?" und gleichzeitig auch das Weiterleiten an die anderen Teilnehmer: „Wer hat zu diesem Punkt noch eine Ergänzung?" Sie zwingen den Vielredner auf diese Weise zu einer knappen Ausdrucksweise und lenken ganz nebenbei die Aufmerksamkeit der anderen Teilnehmer auf das Flipchart und somit weg vom Redner. Besonders der „Aufmerksamkeits-Typ" verliert auf diese Weise ein wenig das Interesse am Reden.

- Der „Feedbacker": Besonders bei Teamsitzungen ist es im Sinne des Lernprozesses manchmal wichtig, den einzelnen Teilnehmern ein Feedback zu ihrem Verhalten zu geben. Bestimmen Sie einen Teilnehmer für diese Rolle. Dieser fasst das Verhalten der Einzelnen am Ende zusammen, und zwar besonders in Bezug auf das Einhalten der vereinbarten Regeln. So wird dabei automatisch auch der Vielredner erwähnt. Das Team lässt ihn nicht einfach gewähren, sein Verhalten wird erkannt und gespiegelt, ohne Vorwurf, aber mit dem Hinweis, sich in Zukunft an die Regeln zu halten. Tut er dies nach wiederholter Aufforderung nicht, wird das Problem zur Chefsache. Sie sollten diese Methode besonders bei Gruppen anwenden, die Sie bereits kennen.

Der große Schweiger

Häufig trifft der Moderator jedoch auch auf den gegenteiligen Typ: Er schweigt sich beharrlich aus, lässt sich nicht in die Karten blicken. Dadurch ist es schwer einzuschätzen, ob er wirklich nichts zu sagen hat oder sich bloß nicht traut, seine Meinung zu äußern.

Der mögliche Hintergrund: Er hat seit frühester Kindheit erfahren, dass seine Meinung abgewürgt wird, nicht zählt und somit ein mangelhaftes Selbstwertgefühl entwickelt. Oft könnten gerade diese Schweigsamen überaus wertvolle Beiträge liefern, sind aber von ihrer inneren Einstellung her zu perfektionistisch und hinterfragen ihre Meinung immer wieder. „Was ich dazu zu sagen habe, ist nicht gut genug, um in dieser Runde bestehen zu können." Sie zweifeln ständig an ihrem Wissen und bewerten die Aussagen anderer über: „So eloquent wie mein Sitznachbar werde ich nie sein!"

Manche schweigen aber auch einfach deshalb, weil sie das Thema schlichtweg nicht interessiert oder sie es ablehnen. „Da wird eh nichts draus, da brauche ich mich erst gar nicht hineinzudenken." Solche Verweigerer verströmen in ihrem Schweigen eine nicht geringe Menge an negativer Energie.

Tipp

Was Sie nie zu ihm sagen sollten: „Jetzt sagen Sie doch auch einmal etwas!"

Interventionstechniken für den Schweiger:
- Sprechen Sie den Schweiger direkt an und bedanken Sie sich für jede noch so knappe Wortspende.
- Schreiben Sie seine Beiträge auf oder bitten Sie ihn selbst, seinen Beitrag schriftlich festzuhalten. Das wertet seine Meinung auf. Außerdem können die meisten zurückhaltenden Menschen Ideen leichter zu Papier bringen als aussprechen.
- Unterstreichen Sie die Wertigkeit des Beitrags: „Herr Huber, danke für diesen wichtigen Aspekt."
- Fordern Sie auch vom Schweiger Lösungsvorschläge ein. Holen Sie ihn so ein Stück weit aus seiner bequemen Ecke heraus.

Der Besserwisser

Der erklärte Liebling jedes Moderators ist der Teilnehmer, der vom ersten Moment an alles besser weiß, immer noch etwas zu ergänzen hat und stets den Eindruck vermittelt, wesentlich kompetenter zu sein als alle anderen im Raum. Er unterbricht oft und ist der Auslöser für so manche Endlosdiskussion.

Sein Hintergrund: Er überdeckt seine Defizite durch den permanenten Beweis seines Wissens (das in vielen Fällen durchaus umfangreich ist). Er ist ehrgeizig, geltungssüchtig und sucht Anerkennung für sein Wissen. Sein Denken verläuft jedoch in engen Bahnen und er ist vom Prinzip her detailverliebt.

Interventionstechniken für den Besserwisser:
- Schenken Sie ihm einmal Beachtung, indem Sie seinen Beitrag loben: „Ich sehe, da haben Sie sich gut informiert!" So ein Satz gibt ihm die gesuchte Anerkennung und stimmt ihn positiv.
- Bitten Sie ihn um schriftliche Stellungnahmen, in knapper Form, auf einem Kärtchen.
- Stellen Sie ihm keine Detailfragen, sondern fragen Sie ihn nach der Übersicht, nach der Einordnung seiner Wortmeldung in den Gesamtzusammenhang. Das sind Fragen, die ihm nicht so behagen, da zieht er sich gerne zurück.
- Weisen Sie auf die Spielregeln zur Redezeitbegrenzung hin und setzen Sie ihm damit klare Grenzen.

Tipp

Was Sie nie zu ihm sagen sollten: „Da haben Sie sicher nicht recht!"

Der Alles-schlecht-Redner

Pessimismus ist eine weit verbreitete Grundhaltung. Negative Teilnehmer sind daher häufig. Dieser Typ ist schwer zu einer Zustimmung zu bewegen. Er klagt über die Vielzahl der Probleme, hat jedoch keine Lösungsvorschläge. Er findet immer und überall das berühmte Haar in der Suppe.

Sein Hintergrund: Er ist innerlich unsicher und jede Art von Veränderung macht ihm Angst. Vielfach ist er fachlich oder/und persönlich überfordert. Oft jedoch stiehlt er sich durch seine negative Sichtweise einfach aus der Verantwortung.

Tipp

Was Sie nie zu ihm sagen sollten: „Jetzt sehen Sie doch nicht alles so negativ!"

Interventionstechniken für den Alles-schlecht-Redner:
- Bleiben Sie im Ton bewusst neutral und formulieren Sie bestimmt sowie positiv.
- Geben Sie ihm Zeit, sich an neue Vorschläge zu gewöhnen.
- Betonen Sie immer wieder die gemeinsamen Spielregeln. Dieser Typ braucht klare Richtlinien, die ihm Sicherheit vermitteln.
- Übertragen Sie ihm keine Kreativ-Tätigkeiten. Diese überfordern ihn und machen ihn in seiner Einstellung noch negativer.
- Formulieren Sie Negativ-Aussagen in neutrale um. Statt: „Diese Methode wird sicher nicht funktionieren!" wiederholen Sie: „Sie meinen, dass es andere Methoden zur Lösung gibt?"
- Unterbrechen Sie endlose negative Statements mit der Frage nach seiner Lösung.

Äußere Störfaktoren bekämpfen

Nicht immer sind es die Teilnehmer, die zu „Störfällen" in der Moderation werden. Manchmal verlangen auch äußere Faktoren Improvisation.

Was tun, wenn ...

- **... die Technik versagt:**
  Bleiben Sie gelassen. Im Zentrum einer guten Moderation steht die Arbeit der Teilnehmer. Der Moderator unterstützt sie dabei – die perfekte Technik-Show ist nicht zentral. Fällt der Beamer aus, bleibt immer noch das technikunabhängige Flipchart. Lösen Sie das Technikproblem dann in der Pause. Geht es um wichtige Daten, die ausschließlich via Beamer für alle zugänglich gemacht werden können, schieben Sie sofort eine Pause ein und improvisieren Sie, z. B. mit einer Übung für alle Teilnehmer.

- **... Sie wesentliche Bestandteile Ihres Moderationsmaterials vergessen haben:**
  Je gewissenhafter die Vorbereitung, desto seltener wird dieses Missgeschick passieren. Ausführliche Checklisten helfen. Wir haben seit Jahren eine kleine „Notfallreserve" an Moderationsmaterial dabei, besonders Kärtchen und Stifte. Sollte wirklich etwas Entscheidendes fehlen, wechseln Sie einfach die Methode. Und das fällt mit Notfallreserve leichter.

- **... Störgeräusche von außen die Veranstaltung beeinträchtigen:**
  Informieren Sie sich im Vorfeld, welche Veranstaltungen und Besprechungen in den Nebenräumen stattfinden. Das ist auch schon für die Einteilung der Pausenzeiten sinnvoll. Sollte trotzdem plötzlich laute Musik oder Ähnliches aus dem Nebenraum erschallen, sprechen Sie das Nebengeräusch an, denn die Teilnehmer sind ohnehin abgelenkt. Unterbrechen Sie kurz und klären Sie die Situation.

- **... der Besprechungsraum doppelt belegt ist:**
  Auch hier hilft es, im Vorfeld abzuklären, wer die Verwaltung der Sitzungszimmer-Vergabe über hat. Verlassen Sie sich bei dieser essenziellen Frage nicht auf den Zufall. Bewährt hat sich ebenfalls ein System der „transparenten Raumbelegung": In jedem Sitzungszimmer liegt eine Liste auf, wie lange und von wem der jeweilige Raum

genutzt wird. So fallen zeitliche Überschneidungen rechtzeitig auf und Sie sind als Moderator immer darüber informiert, wann die nächste Besprechung startet. Es ist wenig hilfreich, wenn genau in der heißen Phase der Beschlussfassung schon die nächste Besprechungsrunde wartet.

4. Nach der Sitzung ist vor der Sitzung

Um den größtmöglichen Nutzen aus der Arbeit des Moderators ziehen können, ist es oft erforderlich, die Ergebnisse für die Teilnehmer zu dokumentieren, sie nachzubearbeiten und damit als Arbeitsinstrument zur Verfügung zu stellen. Daher haben wir in diesem Kapitel Tipps zur To-do-Liste und zur zielorientierten Protokollführung zusammengestellt. Darüber hinaus ist es aus unserer Erfahrung hilfreich, mithilfe einer nach der Moderation durchgeführten Manöverkritik die eigene Arbeitstechnik permanent zu optimieren und sich damit zum Profi weiterzuentwickeln.

Nachbearbeitung: Dokumentation, Protokoll, Ergebnisse

Kennen Sie eine der wirkungsvollsten Kreativitätstechniken im Rahmen einer Moderation? Sie ist einfach, spontan anzuwenden und funktioniert fast immer: Fragen Sie einfach am Anfang der Besprechung: „Wer führt das Protokoll?" Sie werden erstaunt sein über die Kreativität beim Finden von Ausreden ...

Legen Sie daher immer schon im Vorfeld fest, wer in welcher Form die Dokumentation übernimmt. Umfangreiche Wortprotokolle sind zum Glück schon selten geworden. Meist reicht eine knappe und effiziente Dokumentation der Beschlüsse. Protokollführung ist kein Selbstzweck, sondern ein notwendiges Mittel zur Effizienzsteigerung von Besprechungen. Mit etwas Übung, klaren Richtlinien und vorgegebenen Standards ist es für den damit Beauftragten kein großer Aufwand, das oben erwähnte Ausreden-Erfinden also verschwendete Kreativ-Energie!

Grundsätzlich stehen zwei Varianten zur Auswahl: Entweder ist der ernannte Protokollführer auch gleichzeitig Teilnehmer an der Besprechung oder es wird ein eigener Protokollführer bestimmt, der ausschließlich für diese Funktion zur Verfügung steht. Beide Varianten haben Vor- und Nachteile:

Der Protokollführer ist auch Teilnehmer:

Vorteile	Nachteile
Er weiß, worum es geht und kennt die Hintergründe und Fachbegriffe.	Er kann seinen fachlichen Beitrag nicht einbringen, sich nicht unmittelbar an der Diskussion beteiligen.
Er kann durch die einfache Frage: „Was ist bei diesem Punkt zu protokollieren? Wie lautet der Beschluss jetzt konkret?" gute Impulse zur Zielfindung liefern.	Wer fachlich involviert ist, ist es nicht selten auch emotional: Sein Protokoll ist möglicherweise nicht ganz objektiv.
	Wer nur hin und wieder (z. B. nach dem Rotationsprinzip) Protokoll führt, ist darin nicht so geübt, seine Arbeitszeit ist oft anders effizienter genützt. Er benötigt überproportional viel Zeit für das Erstellen des Protokolls.

Ein „externer" Protokollführer wird ernannt:

Vorteile	Nachteile
Er kann sich ausschließlich um diese Aufgabe kümmern.	Mangelnde fachliche Kenntnis kann zu Fehlern und Missverständnissen führen.
Das Protokoll ist schneller fertig, im Idealfall schon am Ende der Sitzung, und wird gleich via Beamer abgestimmt und versendet.	Zwischenfragen werden von den anderen nicht so leicht toleriert, wenn die Fachkenntnis fehlt.
Das Protokoll fällt meist objektiver aus, wenn der Protokollführer keine eigenen Interessen in Bezug auf die Themen hat.	Wer nicht fachlich involviert ist, fragt bei Unklarheiten oft sofort nach.
	Die Frage der Vertraulichkeit ist bei heiklen Themen zu bedenken.

Grundsätzlich ist sicher die Variante mit einem separaten Protokollführer zu bevorzugen, da das Ergebnis meist besser ist und kein fachlicher Input verloren geht.

Die To-do-Liste eines Meetings

Bei jeder Form von Meeting ist es sinnvoll, am Ende eine To-do-Liste anzufertigen: Darin finden sich sämtliche Aufträge und Verantwortlichkeiten und diese sind jeweils mit Termin versehen. Kurz gesagt: Im Ergebnisprotokoll stehen die Beschlüsse, in der To-do-Liste, wer was bis wann zu tun hat. Diese (aktuell gefilterte) To-do-Liste ist zu Beginn des nächsten Meetings stets einer der ersten Tagesordnungspunkte.

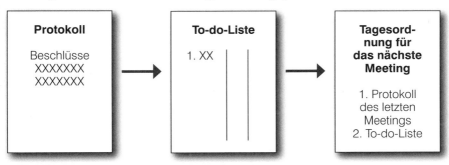

Auf diese Weise wird automatisch überprüft, ob die beschlossenen Aufträge auch erledigt wurden, unkonkrete Vereinbarungen („Man sollte ...") werden verhindert. Beschlüsse, die nicht umgesetzt werden, blockieren die weitere Arbeit. Fehlt beim nächsten Meeting die Kontrolle, wird weniger intensiv gearbeitet.

Beispiel einer To-do-Liste:

Offene Punkte					
Nr.	Datum	Enddatum	Endresultat	Verantwortlich	Status/Bemerkungen

Die jeweils aktuelle Liste stellt ausdrücklich einen Auszug aller Aufgaben dar. Darin werden jene Aufgaben aufgelistet, die von einem Meeting bis zum nächsten fällig sind, die unmittelbar danach fällig werden oder aus aktuellem Anlass wichtig sind. Die Gesamtliste der Aufgaben (z. B. nummeriert nach dem Entstehungszeitpunkt) ist zwar für alle einsichtig, sollte aber nach den oben angeführten Kriterien gefiltert werden können, um die für die jeweilige Besprechung anstehenden Aufgaben angeben zu können. Das schafft einen besseren Überblick und erleichtert die Bearbeitung.

Das Protokoll

Die meisten Protokolle sind nach unserer Erfahrung zu lang. Hier gilt der Grundsatz: so wenig wie möglich, nur so viel wie nötig. Weitgehend durchgesetzt haben sich reine Beschluss- und Ergebnisprotokolle. Die wichtigsten Fragen, die beantwortet werden müssen, sind:
- Wer macht
- was
- bis wann?

Diese „3W-Protokolle" passen meist auf eine Seite, in Form einer klar vorgegebenen Tabelle. Auf einer zweiten Seite folgt dann der Ideen- und Themenspeicher, in dem alle noch offenen Punkte und die Tagesordnungspunkte für das nächste Meeting angeführt werden. Am Anfang der nächsten Besprechung wird dieses 3W-Protokoll geprüft:

- Was wurde erledigt?
- Mit welchem Ergebnis?
- Was ist noch offen?

In dieser Form ist Protokollführung eines der wichtigsten Mittel zur Effizienzsteigerung von Besprechungen und Umsetzungsprozessen in Unternehmen.

Das Sofortprotokoll (Simultanprotokoll)

Vielfach wird heute bei Besprechungen das Protokoll gleich am Laptop verfasst, von allen bzw. vom Vorsitzenden genehmigt und meist am selben Tag versandt – alles „real time". Das setzt allerdings voraus, dass die damit beauftragte Person sich rein dieser Aufgabe widmen kann. Ein Mitdiskutieren ist dabei meist ausgeschlossen. Manche empfinden das permanente Mitschreiben des Protokollführers auch als störend. Trotzdem hat diese Form des Sofortprotokolls klare **Vorteile:**

- Das Protokoll kann sofort genehmigt werden.
- Die Teilnehmer können unmittelbar ihre Zustimmung geben.
- Änderungen und Unklarheiten können zeitnah beseitigt werden.
- Jeder Teilnehmer erhält sofort sein Exemplar und kann es als
- Arbeitsunterlage nutzen.
- Der Aufwand für den Protokollführer wird verringert.
- Zeitersparnis durch Verwendung von vorgefertigten Protokoll-Formblättern
- Das Einhalten entsprechender Formvorschriften bereitet kein
- Kopfzerbrechen mehr.
- Die Teilnehmer verlassen die Sitzung mit dem Gefühl, effizient gearbeitet zu haben, was eine fristgerechte Umsetzung der Beschlüsse fördert.
- Bürokratie und Informationsflut im Unternehmen werden eingedämmt.

Beispiele eines standardisierten Sofortprotokolls:

PROTOKOLL – Jour-Fixe				
		Datum:		
Von:		An:		
		Cc:		
Betrifft:	Abteilungs-Jour-Fixe am			
TOP	Tagesordnungspunkte	Inhalte	Termine	Wer	Status

BESPRECHUNGSPROTOKOLL

Ort:	Datum:
Betreff:	Protokoll:
Teilnehmer:	Verteiler:
	Verantwortlich:	Datum:
Agenda:		
Ergebnisse/weitere Maßnahmen:		

Das Management-Summary

In manchen Fällen ist das Erstellen einer nachträglichen Kurzzusammenfassung der gefassten Beschlüsse und vorgetragenen Berichte als Information für die Entscheidungsträger und andere involvierte, nicht anwesende Personen sinnvoll. Diese Form ist kurz, prägnant und es geht nicht um den Verlauf der Besprechung, sondern einzig und alleine um die Ergebnisse. Die Zusammenfassung kann im Intranet des Unternehmens bestimmten Verfügungsberechtigten zugänglich gemacht werden, ohne ein eventuell ebenfalls vorhandenes Protokoll zu veröffentlichen. Außerdem kann es einem umfassenderen Protokoll auch als Zusammenfassung beigefügt werden.

Beispiel Management-Summary:

Management-Summary			
Protokoll Nr./oder: Beschlüsse von … bis … Datum: Protokollführer:			
Nr.	Beschlüsse, Berichte, Aufgaben	verantwortlich	Termin

Das Fotoprotokoll

Ein Wort auch zu den beliebten und daher vielfach schon zum Standard erhobenen Fotoprotokollen. Mit ihnen können sämtliche Arbeitsprozesse, die visualisiert wurden, originalgetreu dokumentiert werden. Fotografiert werden alle wesentlichen Flipcharts, Plakate, Folien, etc. Damit können visualisierte Arbeitsprozesse digital erfasst und damit der Ablauf bzw. Ergebnisse der Veranstaltung dokumentiert werden. Doch gerade in dieser Vereinfachung liegen auch die **Gefahren:**

- Die große Menge an Digitalfotos ergibt große Dateien, die Speicherplatz bei allen Beteiligten erfordern. Komprimieren Sie daher die Dateien und versenden Sie diese als PDF-Datei.
- Je umfangreicher die Dateien der Fotoprotokolle, desto größer die Gefahr, dass sie keiner ansieht. Genauso wenig, wie wir seitenlange Protokollierungen lesen, vertiefen wir uns in einen Berg von 40 Fotos mit mehr oder weniger erkennbaren Inhalten.
- Die technische Qualität der Fotoprotokolle differiert gewaltig. Wurden die Fotos unter schlechten Lichtverhältnissen gemacht, ist der Inhalt oft nicht klar erkennbar. Manche Notizen sind auch schlichtweg zu klein oder zu unleserlich.
- Fotoprotokolle verleiten manche Moderatoren zur Selbstdarstellung, nach dem Motto: je mehr bunte Bilder, desto erfolgreicher die Veranstaltung. Ähnlich wie bei den Moderationstechniken besteht hier die Gefahr, dass die Methode zum Selbstzweck wird.

Im Unterschied zum schriftlichen Protokoll bedarf das Fotoprotokoll keiner Freigabe durch die Teilnehmer. Darüber hinaus ist ein aussagekräftiges Fotoprotokoll eine Art emotionaler Anker für die Teilnehmer, da sie z. B. ihre eigene Handschrift erkennen. Besonders bei Teamveranstaltungen kann auch noch das eine oder andere Foto aufgenommen werden, das die Teilnehmer während der Bearbeitung oder bei Gruppenarbeiten zeigt, was sicherlich das Wir-Gefühl stärkt.

Um ein optimales Ergebnis zu erzielen, ist es aus unserer Sicht empfehlenswert, unternehmensintern klare Spielregeln für die Dokumentation aufzustellen:
- Vor der Besprechung wird abgeklärt, wer das Fotoprotokoll erstellt.
- Die Form wird festgelegt.

- Standards werden erarbeitet. Das erleichtert die Aufgabe, da lediglich eine Art Formular ausgefüllt werden muss. Je vertrauter die Mitarbeiter mit diesem Standardformular sind, desto leichter fällt ihnen die Aufgabe.
- Sind Fotoprotokolle erwünscht, und wenn ja, in welchem Umfang?
- Der Versand an alle Teilnehmer sollte bis zu drei Arbeitstagen nach Sitzungsende erfolgen.

Tipp

Lesen Sie als Moderator das Protokoll vor dem Versand an die Teilnehmer noch einmal durch und ergänzen Sie bei Bedarf in Absprache mit dem Protokollführer, was aus Ihrer Sicht noch wesentlich ist.

Manöverkritik

Wie Sie sicher bereits erkannt haben, besteht der Weg zu einer guten Moderation aus mehreren kleinen Schritten. Wichtig ist dabei auch eine schrittweise Verbesserung der eigenen Arbeitsweise. Daher ist es durchaus hilfreich, ein entsprechendes Feedback von den Teilnehmern oder im Idealfall von einem neutralen Beobachter zu erhalten. Manche Moderatoren teilen zu diesem Zweck allen Teilnehmern einen schriftlichen Feedback-Bogen aus und ersuchen sie, diesen auszufüllen. Überfordern Sie jedoch Ihre Teilnehmer nicht mit seitenlangen Fragebögen. Stellen Sie besser vier Fragen und erhalten Sie auf diese Weise relevante Informationen, da dafür die Konzentration und der „Goodwill" am Ende der Veranstaltung meist noch reichen. Geben Sie den Teilnehmern die Möglichkeit, selbst zu entscheiden, ob sie ihren Namen anführen oder den Bogen anonym ausfüllen möchten.

Checkliste

Feedback-Bogen mit möglichen Fragen

	Bemerkungen
War die Zielsetzung klar und ausreichend formuliert?	
Wie zufrieden bin ich mit den Arbeitsprozessen?	
Welche Moderationsmethode hat mir besonders gefallen?	
Hat die Methode bei der Zielerreichung geholfen?	
Welche Methode wünsche ich mir für das nächste Mal?	
Welche Visualisierungen haben mir besonders gefallen?	
Welche Visualisierungen habe ich nicht so optimal gefunden?	
Wie wurden die Spielregeln eingehalten?	
Wie habe ich die Gesprächs-Atmosphäre empfunden?	
Haben sich alle Teilnehmer am Arbeitsprozess beteiligt?	
Wie habe ich das Zeitmanagement des Moderators empfunden?	
Gab es genügend Pausen?	
Wie war ich mit den Räumlichkeiten zufrieden?	
War die Sitzordnung passend und für den Arbeitsprozess hilfreich?	
Was möchte ich dem Moderator noch sagen?	
Welche Veränderungsvorschläge habe ich?	
Wie bin ich insgesamt mit dem Ergebnis der Besprechung/ Veranstaltung zufrieden?	

Wer lieber ein mündliches Feedback einholt, tut dies in einer Abschlussrunde, siehe Methode „Blitzlicht" in Kapitel 2 unter „Moderationstechniken für alle Fälle". Stellen Sie bei einer mündlichen Feedbackrunde nur eine, möglichst allgemein formulierte Frage, die den Teilnehmern ein breites Spektrum an Antwortmöglichkeiten offen lässt:

- Was hat mir gut gefallen, was ist verbesserungswürdig?
- Was sollte beim nächsten Mal unbedingt wieder gleich sein, was eventuell noch dazukommen?
- Was nehme ich von dieser Veranstaltung mit?
- Wie habe ich die Moderation empfunden?

Holt er das Feedback ausschließlich mündlich ein, sollte sich der Moderator einige Notizen zu den wichtigsten Punkten und Verbesserungsvorschlägen der Teilnehmer machen. Darüber hinaus ist es in jedem Fall lohnenswert, wenn er sich selbst noch einige Gedanken zum Moderationsprozess macht:

Checkliste

Reflektieren des Moderationsprozesses

Veranstaltung:	Bemerkungen
Wie haben mich die Teilnehmer/neutrale Beobachter wahrgenommen?	
Welche konkreten Feedback-Reaktionen habe ich bekommen?	
Wie habe ich mich selbst gefühlt?	
Wo war ich unsicher?	
Welche Methode liegt mir besonders, welche weniger?	
Mit welchen Hilfsmitteln fühle ich mich besonders wohl?	
Bin ich mit dem Ergebnis zufrieden?	
War meine Vorbereitung ausreichend und passend?	
Bin ich mit den Visualisierungen zufrieden?	
War mein Zeitmanagement in Ordnung?	
Gab es kritische Situationen?	
Habe ich alle Teilnehmer eingebunden?	

Neben dieser persönlichen und inhaltlichen Manöverkritik ist auch noch eine organisatorische Nachbearbeitung zu empfehlen.

Checkliste

Organisatorische Nachbearbeitung

	Bemerkungen
War der Raum in Ordnung?	
Gab es Probleme mit den Medien?	
Ist das Protokoll erstellt und versendet?	
Ist das Fotoprotokoll versendet?	
Sind weitere Unterlagen je nach Vereinbarung versendet?	
Wurden entliehene Medien zurückgegeben?	
Habe ich meine eigenen Hilfsmittel wieder mitgenommen?	
Habe ich alle meine Materialien wie Kabel, Sticks usw. mitgenommen?	
Wer ist noch zu verständigen?	
Habe ich alle „Spuren" aus dem Raum entfernt?	

Unterstützende Checklisten

Moderieren ist eine Tätigkeit, die Spontaneität und rasches Reagieren erfordert. Um sich auf die wesentlichen Kernaufgaben besser konzentrieren zu können, ist das Arbeiten mit Checklisten unumgänglich. Je mehr Routinetätigkeiten rund um die Vor- und Nachbearbeitung einer Moderation dadurch standardisiert werden, umso mehr Freiraum bleibt für kreative Tätigkeiten.

Vorteile von Checklisten für die Moderation:
- Sie geben dem Moderator Sicherheit, nichts zu vergessen.
- Sie helfen bei der Vor- und Nachbearbeitung, Zeit zu sparen.
- Erfahrungen werden eingebaut und dadurch gesichert.
- Stress und Zeitdruck werden vermindert.
- Checklisten stellen ein wichtiges Kontrollinstrument dar.
- Sie ermöglichen ein teilweises Delegieren.

Eine gute Checkliste ist stets klar und präzise formuliert, möglichst einfach und kurz gehalten. Die Beispiele in diesem Buch sollen Ihnen als Grundlage und Anregung dienen. Sie sollten sich jedoch Ihre eigenen Checklisten erstellen, angepasst an Ihren Arbeitsstil.

Checkliste

Erstellen einer Moderations-Checkliste

	Bemerkungen
Analysieren und Beschreiben der Vor- und Nacharbeiten	
Zerlegen sämtlicher Aufgaben in immer gleich ablaufende Arbeitsschritte	
Sammeln und Aufschreiben aller weiteren Ideen	
Auflistung aller Einzeltätigkeiten und Prüfschritte	
Ordnen und Reihen der Tätigkeiten	
Hinzufügen möglicher Alternativen	
Zuordnung von Terminen und Zeitangaben	
Überprüfen des gesamte Ablaufs auf seine Vollständigkeit	
Bitte an alle Beteiligten, die Checkliste überprüfen bzw. zu ergänzen	

Ein wichtiger Punkt bei der Nachbearbeitung ist das reflektierende Überarbeiten der Checklisten. Nur wer sofort alle notwendigen Veränderungen einarbeitet und Neues ergänzt, hält sein Arbeitsinstrument „Checkliste" aktuell.

5. Sonderfälle der Moderation

Sie haben nun bereits einiges über die Anforderungen und Grundlagen der Moderation erfahren. Da wir Ihnen auch für spezielle Situationen Hintergrundwissen vermitteln wollen, haben wir noch einige Sonderfälle der Moderation zusammengestellt. Sollte Ihnen etwa die Doppelrolle als Chef eines Teams und Moderator zufallen, sollten Sie die einzelnen Ebenen bewusst trennen und sich in jeder Rolle den richtigen „Hut aufsetzen". Weiter haben wir Tipps für Fern-Besprechungen wie z. B. eine Telefonkonferenz oder Großgruppen-Moderationen zusammengestellt, die eine besondere Vorbereitung und dennoch oft spontanes Reagieren notwendig machen.

Wenn der Chef moderiert

Die meisten Chefs definieren bei Befragungen ihre Führungsrolle als dynamisch, zielgerichtet und partnerschaftlich. Die Funktion eines Moderators von Teambesprechungen fügt sich aus ihrer Sicht gut in diese Rolle ein: „Warum einen externen Experten engagieren? Was es im Team zu bereden gibt, wird gleich und vor Ort angesprochen, die Kommunikation ist ja offen und transparent." Dieser Typ Chef ist sich auch sicher, seine Mitarbeiter würden sich jederzeit trauen, ihre Meinung offen zu sagen. Das Beiziehen eines externen Moderators käme da ja fast einem Misstrauensantrag gleich! Doch betrachten wir die Situation einmal neutral: Welche Vorteile hat das Moderieren durch den Chef? Gibt es auch Nachteile? Welche Chancen und welche Gefahren birgt diese Doppelrolle?

Chancen für den Chef und das Team

- **Vorbildfunktion:** Gute Führung lebt entscheidend vom positiven Beispiel, das ein souveräner Chef seinen Mitarbeitern vorlebt. Dazu hat er in der heiklen Funktion einer Besprechungsleitung jede Möglichkeit. Er kann hier seinem Team beweisen, dass er Grundsätze, wie „Ich bin euer Coach, eure Meinung zählt, jeder kann sagen, was er denkt" nicht nur als Lippenbekenntnisse versteht.

- **Gelebte Führung**: Führen ist kein theoretisches Grundsatzkonzept. Führen heißt im Unternehmensalltag, an entscheidender Stelle mitzugestalten. In Besprechungen sind die Gestaltungsmöglichkeiten besonders vielfältig. Neue Ideen werden geboren und der gegenseitige Meinungsaustausch führt zu einer Produktivität, die in Einzelprozessen oft nicht erzielbar ist.

- **Kurze Entscheidungswege**: Die Entscheidungen werden gleich vor Ort getroffen, langwieriges Einholen einer Zustimmung entfällt. Jeder weiß sofort, woran er ist, und das macht Besprechungen effizient.

- **Bekannte Fähigkeiten**: Der Chef kennt die Arbeitsweise jedes Teammitglieds genau und weiß, welche Moderationsmethoden vorteilhaft sind. Er kann jeden Teilnehmer seinen Fähigkeiten entsprechend in Arbeitsprozesse einbinden. Aber auch das Team weiß, wie der Chef als Besprechungsmoderator agiert. Alle Teilnehmer können sich daher bei der Vorbereitung mehr auf die inhaltlichen Komponenten konzentrieren. Jeder weiß im Vorhinein, wie er seine Argumente vorbringen soll.

- **Der Chef kennt die Konflikte**: Bestehen im Vorfeld einer Besprechung Spannungen oder Konflikte im Team oder sind einige Teammitglieder einem oder mehreren Besprechungspunkten gegenüber negativ eingestellt, sind diese Tatsachen einem (guten) Chef bekannt; er kann darauf reagieren und sich schon im Vorfeld überlegen, wie er diese Spannungen in der Besprechung durch geeignete Methoden abbauen kann.
- **Plattform für das Team**: Die Mitarbeiter haben in der Besprechung die Chance, für sie wichtige Themen anzusprechen und die eher neutrale Position des Moderator-Chefs zu nutzen, um eine Art Meta-Betrachtung der Team-Chef-Situation zu initiieren. Das kann wesentlich zur Lösung schwelender Konflikte beitragen.
- **Der Chef erkennt Chancen, Potenziale, Gefahren und Defizite**: Er kann durch die Gestaltung der Moderation ausgleichend und fördernd wirken. Er kann die Moderation so auch als Führungsinstrument nützen.

Gefahren für den Chef und das Team

- **Schlechter Führungsstil wird besonders transparent**: Wer sein Team in der täglichen Führungsarbeit nicht „im Griff" hat, der wird sich in dieser schwierigen Doppelrolle besonders schwertun. Persönliche Defizite treten deutlich zutage. Ein Chef, der schon in der Führungsrolle nicht optimal agiert, wird gerade in der Doppelrolle Chef/Moderator seine Probleme haben.
- **Chefprobleme**: Gibt es Probleme zu lösen, hat der Chef häufig einen wesentlichen Anteil an den bisherigen Prozessen, die zu den jetzigen Schwierigkeiten geführt haben. Manchmal ist er sogar selbst zumindest ein Teil des Problems. Diese Thema lässt sich dann in einer von eben diesem Chef moderierten Besprechung sicher nicht bearbeiten.
- **Zielkonflikt**: Manchmal besteht ein wesentlicher Zielkonflikt zwischen den Interessen des Chefs und jenen der Mitarbeiter. Das ist sicher keine gute Voraussetzung für eine neutrale Position des Moderators. Selbst wenn er sich noch so um diese bemüht, kämpft er doch stets gegen die Vorurteile der Mitarbeiter an.
- **Die Mitarbeiter halten sich zurück**: Ein eher autoritärer Chef wird sich schwertun, die wahre Meinung der Teammitglieder zu er-

fahren. Wenige trauen sich, offen ihre Meinung zu sagen, weil sie negative Konsequenzen fürchten.
- **Die Mitarbeiter sagen nicht die ehrliche Meinung**: Viele Teilnehmer agieren in so einem Fall taktisch. Sie sagen nur das, was der Chef ihrer Meinung nach gerne hört. Ein schlechter Chef hat nun einmal viele „Ja"-Sager in seinem Team.
- **Die Kreativität leidet**: Wer durch taktische Überlegungen innerlich gebremst wird, ist selten kreativ. Kreativität verlangt Mut und Offenheit. Viele Mitarbeiter haben Angst, dass ihre vielleicht auch außergewöhnlichen Ideen vom Chef negativ bewertet werden könnten.
- **Manipulationsversuche durch den Chef**: Manche Chefs meinen, so eine Besprechungs-Moderation wäre die geeignete Gelegenheit, gewisse eigene Standpunkte im Team „durchzubringen". Ist er rhetorisch gut, erliegt er gerne der Versuchung, die Teilnehmer durch seine Formulierungen zu manipulieren. Das gelingt ihm auch durch die Auswahl und Reihung der Themen, die Auswahl der Methode oder die graphische Darstellung. Eine völlig neutrale Moderation ist für die meisten Chefs aus unserer Sicht fast nicht durchführbar.
- **Monologe des Chefs**: Ist der Chef nicht mit dem Verlauf des Gesprächs zufrieden, ergreift er gerne selbst das Wort. Ein eloquenter Chef wird sich mit der Rolle des Moderators schwertun; es liegt ihm nun einmal nicht, sich ausschließlich in das Beobachter-Eck zurückzuziehen. Da kann er sich vornehmen, was er will, sein Mitteilungsdrang wird stärker sein.
- **Einige Mitarbeiter wollen sich vor dem Chef profilieren**: Es geht manchen Taktikern und „Karriereplanern" im Team nicht um die Lösung des Problems, sondern Sie nützen die Plattform, sich selbst in einem guten Licht erscheinen zu lassen und dem Chef zu imponieren, notfalls auch auf Kosten anderer.

Tipps zur Bewältigung der Doppelrolle

Die Doppelrolle Chef/Moderator ist eine Herausforderung für jeden Vorgesetzten. Doch egal, wie er seine Moderatorenrolle anlegt: Wichtig ist immer, authentisch zu bleiben. Besprechungs-Moderation ist keine Show, sie ist Teil des Führungsalltags und sollte auch so verstanden werden. Das Autoritätsproblem, das ein Chef als Vorgesetzter hat, wird sich in seiner

Rolle als Moderator verstärken. Wer in seiner Führungsrolle autoritär auftritt, wird als Moderator dazu neigen, die Kreativität und das Engagement seiner Mitarbeiter einzuschränken. Auch das ist keine gute Basis für eine effiziente Besprechung, sondern wird eher dem Motto gerecht: „Man kann bei uns in der Besprechung durchaus geteilter Meinung sein, Hauptsache, es ist die des Chefs!"

Tipp 1: Die Ebenen erkennen
Wichtig ist daher eine strikte Trennung der beiden Rollen, schon in der Vorbereitung. Jeder Vorgesetzte muss sich über beide Ebenen, auf denen er agiert, klar werden.

(1) Die Sitzung leiten = Prozessebene
Wir empfehlen dem Chef als Moderator, die Leitungsfunktion in kleinen Schritten aufzubauen. Sollen mehrere Tagungsordnungspunkte bearbeitet werden, ist es sinnvoll, jeden Punkt getrennt und wie eine eigene Besprechung zu behandeln und ihn nach dem folgenden Schema abzuarbeiten:

- Einführung: Der Moderator wiederholt die Zielsetzung und ergänzt bzw. erläutert einzelne Punkte.
- Durchführung
- Zusammenfassung, Festhalten des End- bzw. Zwischenergebnisses, Zielkontrolle und Überprüfung der Beschlüsse, Folgemaßnahmen und Aufgabenverteilung festhalten und damit den Tagungsordnungspunkt abschließen.

Diese Methode macht kleine Erfolge sichtbar, bringt Transparenz in die Besprechung und gibt dem Team die Möglichkeit, sich mehr der Sache, dem Inhalt zu widmen. Probleme, die durch die Doppelrolle bei einem Punkt entstehen, wirken sich nicht auf andere Tagungsordnungspunkte aus. Das Abschließen eines Punkts wird von allen Teilnehmern als Erfolg erlebt, der motiviert, die nächsten Punkte ebenfalls möglichst effizient und unabhängig vom Chef-Mitarbeiter-Verhältnis abzuhandeln.

(2) Fachlich teilnehmen = Sachebene
Die wohl heikelste Aufgabe im Rahmen der Doppelrolle Chef/Moderator ist es, in gewissen Situationen „die Seiten zu wechseln", aus der

Moderatorenrolle zu schlüpfen und selbst einen inhaltlichen Beitrag zu leisten.

Genau da zeigt sich die Souveränität einer Führungsperson. Wer sich lediglich auf seine neutrale Moderationsrolle beruft, läuft Gefahr, in seiner Führungsrolle Kompetenz einzubüßen. Dieses Verhalten wird dem Chef als Schwäche ausgelegt. Alle im Team wollen letztendlich wissen, wie ihr Chef zu diesem Punkt steht. Es ist somit seine Verpflichtung, sich auch auf die andere Ebene zu begeben und klar seine Meinung zum Thema zu sagen. Verschweigt er diese aus „Neutralitätsgründen", erzeugt er Unsicherheit im Team.

Egal, wie liberal und teamorientiert sich ein Unternehmen gibt – die klassischen Hierarchien bestehen so gut wie überall. Es ist zwar oft positiv gemeint, wenn der Chef als Moderator von seinen Mitarbeitern absolute Offenheit und Gleichbehandlung aller verlangt. Viele Mitarbeiter werden sich hingegen vor dem Chef nicht so klar äußern und eher dazu neigen, sich seiner oder zumindest der Hauptmeinung anzuschließen, und keine Alleingänge riskieren.

Hierarchien und Abhängigkeiten prägen nun einmal das Verhalten in jeder Gruppe. Sie werden als Chef und Moderator daher unglaubwürdig, wenn Sie ständig Gleichheit und Freiheit aller propagieren. Rechnen Sie lieber damit, dass sich nicht alle Teilnehmer offen äußern. Wenn Sie die Meinung eines Einzelnen wirklich hören wollen, sprechen Sie ihn direkt an.

Sollten Sie trotzdem das Gefühl haben, nicht alles erfahren zu haben, beraumen Sie lieber ein Vier-Augen-Gespräch an. Da ist die Chance größer, der wahren Meinung auf die Spur zu kommen.

Tipp 2: Rollen-Signale setzen
Scheuen Sie sich nicht, in wichtigen Situationen die Rollen zu wechseln. Setzen Sie diese Rollen-Signale bewusst und für alle erkennbar. Leiten Sie Ihre fachlichen Inputs z. B. mit den folgenden Worten ein:
„In meiner Rolle als Leiter dieser Abteilung meine ich ..."
„Als Teamleiter ist es wichtig festzuhalten ..."
„Aus meinem Blickwinkel als Vorgesetzter ergibt sich ..."

Grundsätzlich ist es durchaus empfehlenswert, immer wieder eine ähnliche oder die gleiche Formulierung als Standard zu wählen. Die Mitarbeiter erkennen das „Signal" und wissen, woran sie sind.

Genauso entscheidend ist es jedoch auch, im Anschluss wieder bewusst und für alle erkennbar in die andere Rolle, die des Moderators, zu schlüpfen. Auch da hilft wieder die passende Einleitungsformulierung:
„In meiner Rolle als Moderator weise ich darauf hin ..."
„Als neutraler Moderator dieser Besprechung halte ich an dieser Stelle fest ..."
„Als Moderator gesprochen ..."

Sie setzen sich auf diese Weise sprachlich unterschiedliche Hüte auf und trennen auch für sich selbst beide Rollen klar.

Sollten Ihnen diese beiden Rollen einmal durcheinandergeraten, zeigen Sie sich innerlich die Stopptafel und fassen Sie zusammen. Während Sie das tun, werden sich Ihre Gedanken entwirren und Sie beide Rollen wieder klar erkennen. Solange es sich dabei um Vermischungen auf der Sachebene handelt, ist das meist noch einfach. Schwieriger wird es, sobald Emotionen ins Spiel kommen ...

Tipp 3: Spielregeln als Teamkultur
In Besprechungen, in denen der Chef als Moderator auftritt, ist das Einhalten von Spielregeln besonders wichtig. Doch wenn der Vorgesetzte in seiner Moderatorenrolle Spielregeln einfordert, die er im „normalen" Leben, außerhalb des Sitzungszimmers, selbst nicht lebt, hat er einen schweren Stand! Die von ihm geforderten Richtlinien müssen gelebter Bestandteil der Teamkultur sein. Die Spielregeln der Moderation durch den Chef spiegeln die Teamkultur wider.

Als Spielregel gilt durchaus der Grundsatz, dass die einzelnen Beiträge zunächst nicht gewertet und somit auch als gleichwertig betrachtet werden. In diesem Fall wird deutlich, wie schwer es ist, die Doppelrolle als Chef und Moderator zu übernehmen. Wer im Arbeitsalltag wenig von Mitarbeiter X hält, wird sich sehr schwertun, dessen langatmige und umständliche Beiträge neutral zu behandeln.

Aus unserer Sicht ist es daher für den Chef-Moderator nicht empfehlenswert, zu viele Regeln aufzustellen. Besser ist es, drei Regeln zu vereinbaren, deren Einhaltung aber dafür konsequent einzufordern.

Nicht alle Spielregeln müssen unbedingt von allen Teilnehmern mit Begeisterung mitgetragen werden. Der Chef hat auch als Moderator durchaus die Möglichkeit, Regeln vorzugeben, und zwar auch ohne Konsens.

Wichtig ist dabei, dass diese Regeln klar und transparent erkennbar bzw. nachvollziehbar sind. Das bezieht sich vor allem auf gewisse Rahmenbedingungen wie z. B. auf das Abschalten der Mobiltelefone. Bei den Kommunikationsregeln ist Konsens der Teilnehmer hingegen zielführend.

Tipp 4: Rollen verteilen

Zur Rolle des Chefs und des Moderators kommen meist noch weitere Aufgaben: Begrüßen, Einleiten, Protokollführen, etc. Daher ist es sinnvoll, diese Agenden auf die Mitarbeiter aufzuteilen, was noch einen weiteren Vorteil hat: Die betrauten Mitarbeiter fühlen sich für den Erfolg der Veranstaltung verantwortlich.

Mögliche Rollen für andere Teammitglieder:
- Verantwortlicher für Einladungen und Begrüßungen
- Protokollführer
- Zeitverantwortlicher
- Visualisierungsverantwortlicher
- Experte zum Erkennen (und Lösen) von Missverständnissen
- Wohlfühlmanager – holt ruhige Teilnehmer „an Bord", sorgt für Pausen und deren Gestaltung
- Feedback-Verantwortlicher

In kritischen Fällen kann der Chef bewusst regulierend eingreifen, sollte aber stets in seiner momentanen Rolle bleiben.

Tipp 5: Keine Angst vor Entscheidungen!

Einen entscheidenden Unterschied gibt es noch zwischen neutralem Moderator und Chef als Moderator: Wenn die Wogen wirklich hochgehen, Meinung auf Meinung prallt und sich die Diskussion im Kreis dreht, ist eine Entscheidung gefordert. Der neutrale Moderator wird in dieser Situation den Punkt vertagen, den Status quo dokumentieren oder ein Ergebnis durch bestimmte Methoden forcieren. Ist jedoch der Chef der Moderator, erwarten wohl alle Anwesenden zu Recht, dass er entscheidet. Doch genau da verstecken sich führungsschwache Chefs hinter ihrer Moderatorenrolle. Ein guter Chef ist jedoch einer, der in solchen Situationen die in diesem Fall zweitrangige Rolle als Moderator verlässt und als Chef klar entscheidet bzw. in der Folge auch die Konsequenzen für diese Entscheidung trägt. Endlos-Diskussionen haben noch kein Problem gelöst. Letztendlich ist es für alle im Unternehmen wichtiger, wenn ein Vorgesetzter seine Führungsrolle beherrscht und dafür in gewissen Situationen die des Moderators (bewusst und für alle Teilnehmer nachvollziehbar) aufgibt.

Tipp 6: Wenn nichts mehr geht, besser einen externen Moderator holen!
Es gibt Situationen, in denen trotz aller Bemühungen und aller Souveränität die Moderation durch den Chef nicht mehr funktioniert. Wenn Sie als Vorgesetzter merken, dass es der Problemlösung dienlicher ist, einen externen Moderator hinzuzuziehen, scheuen Sie sich nicht, diesen Schritt auch zu tun. Damit verliert kein Vorgesetzter sein Gesicht, es zeigt vielmehr, dass es ihm nicht um Macht geht, sondern einzig und alleine um eine sinnvolle Lösung der anstehenden Probleme.

Wann sollten externe Moderatoren beigezogen werden?
- bei Konflikten innerhalb des Teams, die tiefer gehende Ursachen, z. B. in der Vergangenheit, haben
- wenn der Chef dabei eindeutig Parteienstellung hat oder Teil des Konflikts ist
- wenn ein „neutraler" Außenstehender der Lösungsfindung dient
- bei großen Gruppen (ab ca. 40 Personen)
- wenn die Meinung des Chefs wichtig ist, er als Teilnehmer stärker gefragt ist als in der Funktion des Leiters
- wenn mehrere Abteilungen, die nicht unter der Führung des Chefs stehen, an der Sitzung teilnehmen

Moderieren von Fern-Besprechungen

In unserer globalisierten Welt sind kontinentübergreifende Besprechungen Alltag. Die Technik hilft hier entscheidend, Zeit und Ressourcen zu sparen. Telefon- und Videokonferenzen haben daher immer stärker Eingang in die Besprechungspraxis, vor allem der großen Unternehmen, gefunden. Sie sind umweltfreundlicher (keine Reisen), ökonomischer (keine Reisekosten) und sie sparen Zeit. Doch wer eine solche Fern-Besprechung moderiert, hat mit besonderen Herausforderungen zu kämpfen:

- Die Interaktion der einzelnen Teilnehmer ist eingeschränkt.
- Nonverbale Zusatzinformationen stehen dem Moderator nicht zu Verfügung.
- Die Umwelteinflüsse der einzelnen Teilnehmer sind höchst unterschiedlich.
- Man weiß nie genau, wer noch mithört/mit beobachtet.
- Vertraulichkeit wird dadurch behindert.
- Die Konzentration auf das Thema und das Einhalten der Spielregeln liegt fast ausschließlich in der Verantwortung der Teilnehmer; der Moderator kann dies zwar einfordern, ist aber zu weit entfernt, um wirklich eingreifen zu können.
- Die Tonqualität ist manchmal schlecht, verzögert oder ganz unterbrochen, die Bildqualität oft durch die Übertragung gestört.
- Der technische Standard ist nicht überall gleich und führt oft zur unterbewussten „Anderswahrnehmung". Wer in der Leitung schlecht zu hören ist, wird als unwichtiger empfunden, egal, wie essenziell sein Beitrag auch ist.
- Bei Unterbrechungen entsteht oft erheblicher Zeitverlust; nach Wiederherstellung der Leitung muss erst wieder der Anschluss an das vorher Besprochene gefunden werden.

Tipps für den Moderator

- Bei **Unterschieden in der Technik**: Das „schlechteste" Glied in der Kette bestimmt den Kommunikationsstandard.
- Aufstellen **eigener Spielregeln** für die jeweilige Besprechungsform.
- Beachtung der einzelnen **Zeitzonen**. Der Zeitpunkt sollte so gewählt werden, dass er für alle einigermaßen vertretbar ist. Fordert die Unternehmenszentrale von Mitarbeitern auf einem anderen Kontinent, mitten in der Nacht zur Verfügung zu stehen, kann das Ergebnis darunter leiden.

Telefonkonferenz

Grundsätzlich lassen sich Telefonkonferenzen als Telefongespräche mit mehr als zwei Teilnehmern definieren. Die mögliche Anzahl an Teilnehmern geht bis zu 30 Personen. Meist werden darauf spezialisierte externe Dienstleister beauftragt, die Telefonate zu schalten. Die Datenübertragung via Internet nimmt dabei eine zentrale Bedeutung ein. Die Systeme, Anwendungsmöglichkeiten und Tarife der einzelnen Software- und Dienstanbieter unterscheiden sich, daher sollten die eigenen Anforderungen im Vorfeld genau definiert und die Tarife verglichen werden.

Bei der klassischen Telefonkonferenz sehen sich die Teilnehmer nicht und haben damit keinerlei Möglichkeit, auf die Körpersprache zu reagieren. Sie sind ausschließlich auf die akustische Wahrnehmung angewiesen. Dies erfordert ein hohes Maß an Konzentration. Da wir Menschen grundsätzlich einen großen Teil unserer Kommunikation nonverbal abwickeln, konzentrieren sich trotzdem alle Sinne am Telefon auf die Person am anderen Ende: Was kann ich aus der Stimmlage heraushören? Habe ich da die Andeutung eines Zweifels gehört? Warum spricht sie jetzt plötzlich lauter? Was bedeutet das seltsame Geräusch im Hintergrund? Diese Fragen beschäftigen uns und reißen uns immer wieder aus der Konzentration. Gerade für den Moderator ist es hilfreich, diese Zusatzinformationen zu erhalten. Er muss sich somit bei der Telefonkonferenz bewusst auf diese besonderen Bedingungen einstellen. Je mehr Teilnehmer, desto schwieriger und unübersichtlicher wird die Besprechung.

Was der Moderator bei einer Telefonkonferenz beachten sollte:
- Auf der vorher versendeten Teilnehmerliste sollten neben Namen und Ort auch die Telefonnummern und E-Mail-Adressen angeben sein. So können einzelne Teilnehmer im Nachhinein Unklarheiten „bilateral" abklären.
- Alle Teilnehmer werden schon im Vorfeld darüber informiert, wer moderiert.
- Planen Sie als Moderator eine Telefonkonferenz genauso strukturiert wie ein Meeting vor Ort.
- Nummerieren und führen Sie wichtige Fragen gleich bei den einzelnen Tagesordnungspunkten an. So können Sie unter der jeweiligen Nummer gezielt und für alle transparent diese Fragen abrufen.

- Wichtige Visualisierungshilfen müssen schon vorab (gemeinsam mit der Einladung und der Tagesordnung) elektronisch übermittelt werden, da das während einer klassischen Telefonkonferenz nicht möglich ist.
- Erkundigen Sie sich im Vorfeld über sämtliche Möglichkeiten und Werkzeuge Ihrer Telefonkonferenz-Software wie z. B. das Hand-Symbol, wenn ein Teilnehmer sprechen möchte.
- Sorgen Sie für absolute Störungsfreiheit und schalten Sie vor Ort Hintergrundgeräusche aus.
- Fordern Sie von allen Teilnehmern absolute Pünktlichkeit ein. Ein verspätetes Zuschalten wirkt noch wesentlich störender als bei einer Besprechung vor Ort und macht die Besprechung unübersichtlich.
- Vergewissern Sie sich zu Beginn, dass alle angekündigten Teilnehmer in der Leitung sind und niemand technische Probleme hat.
- Eine freundliche Begrüßung und ein herzliches Willkommen sind bei dieser doch sehr distanzierten (im wahrsten Sinne des Wortes) Besprechung hilfreich, um alle, egal, wo sie sich räumlich befinden, auch emotional einzubinden.
- Stellen Sie sich und Ihre Funktion kurz vor, sagen Sie, wo Sie sitzen und fügen Sie durchaus auch eine persönliche Bemerkung wie z. B. das Wetter vor Ort an. Dann rufen Sie alle anderen dazu auf, sich ebenfalls in gleicher Weise vorzustellen. Diese Zeit ist keineswegs verschwendet, es ist vielmehr wichtig, sich ein Bild von den anderen zu machen (siehe oben).
- Begrüßen Sie sämtliche Teilnehmer mit Namen und mit ihrer Funktion.
- Kündigen Sie die Dauer der Schaltung an. Sind Pausen vereinbart, wird in diesen Pausen meist nicht aufgelegt. Empfohlen wird eine maximale Länge von zwei Stunden, da eine Telefonkonferenz größte Aufmerksamkeit von den Teilnehmern verlangt.
- Hinterfragen Sie zu Beginn, ob alle mit der Agenda einverstanden sind und sie diese vor sich haben. Fragen Sie nach Zusatzpunkten. Definieren Sie das Ziel und das Thema nochmals exakt, für alle hörbar.
- Sprechen Sie mit klarer Stimme und deutlichen Formulierungen.
- Geben Sie als Moderator das Procedere vor (wer spricht in welcher Reihenfolge worüber), welche Beiträge werden von wem erwartet?

- Legen Sie fest, wie mit Zwischenfragen an andere Teilnehmer umzugehen ist.
- Rufen Sie jeden Teilnehmer auf, langsam, deutlich und kurz zu sprechen.
- Greifen Sie ein, wenn an einem Ort störende Nebengeräusche die Besprechung beeinflussen. Notfalls müssen die jeweiligen Teilnehmer den Ort/die Leitung wechseln.
- Erinnern Sie jeden Teilnehmer, vor seiner Wortmeldung seinen Namen zu nennen, um Missverständnisse auszuschalten. Wer einen anderen Teilnehmer direkt ansprechen will, muss das auch ausdrücklich anfügen.
- Bitten Sie um einen Sprecher für die jeweils vor Ort befindliche Gruppe, um die Telefonkonferenz zu straffen und die Anzahl der tatsächlich miteinander sprechenden Personen zu verringern, was meist der Übersichtlichkeit des Gesprächs dient.
- Wenn Sie am Wort sind, geben Sie bekannt, in welcher Funktion (Moderator oder Inhalt/Fachbereich) Sie sprechen.
- Stellen Sie Fragen immer in Verbindung mit dem Namen des Angesprochenen, um zu unterbrechen, wenn Teilnehmer vom Thema abkommen.
- Ersuchen Sie Teilnehmer, ihr Statement zu wiederholen, wenn die Leitung akustisch nicht optimal ist.
- Wir empfehlen, Ihre „Stummtaste" zu aktivieren, wenn Sie nicht am Wort sind.
- Notieren Sie sich in geeigneter Form (z. B. „Strichliste"), wer welchen Sprechanteil hat, sodass alle Teilnehmer ausreichend zu Wort kommen. Aktivieren Sie Teilnehmer, die einen geringeren Sprechanteil haben, durch Fragen.
- Fassen Sie zwischendurch immer wieder Ergebnisse zusammen und geben Sie am Ende ein prägnantes Gesamt-Feedback.
- Steigt ein Teilnehmer vorzeitig aus oder kommt ein Teilnehmer später dazu, sollte das im Vorfeld dem Moderator bekannt gegeben werden, der diese Information dann an alle weitergibt.
- Auch bei einer Telefonkonferenz ist es erforderlich, Protokoll zu führen. Geben Sie allen Teilnehmern bekannt, wer in Ihrem Unternehmen dieses Amt übernommen hat. Der Protokollführer sollte ne-

ben Ihnen sitzen, um Sie jederzeit bitten zu können, Unklarheiten noch vor Ende des Gesprächs zu klären. Er sollte sich ausschließlich diesem Amt widmen können und nicht selbst an der Konferenz teilnehmen. Teilen Sie allen mit, wie und wann die Protokolle an alle versandt werden.

- Bevor Sie die Konferenz schließen, sollten Sie nochmals alle Teilnehmer der Reihe nach um ein kurzes Feedback bitten und letzte klärende Fragen zulassen.

Videokonferenz, Live Meeting/WebEx

Videokonferenzen werden durch eine audiovisuelle Telekommunikationstechnologie ermöglicht, mittels derer Bild und Ton, meist IP-basiert, übertragen werden. Im Unterschied zur Telefonkonferenz sehen sich die Teilnehmer zumindest teilweise. Sitzen alle vor ihrem Bildschirm und damit direkt vor der Kamera, sieht jeder das Gesicht des anderen, während dieser gerade spricht.

Sind, wie bei der klassischen Videokonferenz üblich, mehrere Teilnehmer an einem Ort versammelt, ist die Kamera auf den jeweiligen Besprechungstisch gerichtet. Dabei ist zwar mehr vom gesamten Körper, dafür aber weniger von der Mimik des Einzelnen wahrzunehmen. Eine Videokonferenz zwischen zwei Orten kann somit wie an einem einzigen Tisch durchgeführt werden. Beide Gruppen sitzen an einem ovalen Tisch und jeder hat jeden im Blickfeld. Das bietet die größtmöglichen nonverbalen Kommunikationsmöglichkeiten über große Distanzen hinweg. Diese Technik ist jedoch einigermaßen aufwendig und immer noch teuer. Die Investition lohnt sich in jenen Unternehmen, wo sie auch häufig in Anspruch genommen wird.

Bei Live Meeting, WebEx oder ähnlichen Softwares konferieren die Teilnehmer direkt von ihrem Arbeitsplatz aus. Das Gespräch funktioniert damit wie eine Telefonkonferenz mit Bild. Außerdem hat jeder Teilnehmer die Möglichkeit, auch visuelle Mittel zu präsentieren. Somit ist es die Aufgabe des Moderators, zusätzlich zu allen Regeln der Telefonkonferenz auch die nötigen visuellen Hilfsmittel vorzubereiten und den Einsatz solcher Mittel zu koordinieren. In seiner Verantwortung liegt es, bei Unklarheiten sofort einzugreifen und um Klärung zu ersuchen.

Die elektronischen Medien erlauben es den Teilnehmern auch, sich untereinander, von den anderen unbemerkt, Nachrichten zukommen zu lassen, sich abzustimmen, Lobbying zu betreiben und Ähnliches. Ganz so, als würden die Teilnehmer an einer tatsächlichen Besprechung ständig miteinander flüstern oder in „Briefchenform" miteinander kommunizieren. Das ist zwar im virtuellen Raum nicht ganz so störend, aber es kann die anderen Teilnehmer durchaus verunsichern, wenn sie sich dieser „geheimen" Absprachemöglichkeit bewusst werden. Außerdem kann sie leicht dazu führen, dass einzelne Teilnehmer mehr mit dem Netzwerken als mit der eigentlichen Besprechung beschäftigt sind und so deren Effizienz leidet. Darüber hinaus ist es für den Moderator äußerst schwierig, weit entfernt befindliche Teilnehmer „zur Ordnung" zu rufen. Er sieht ja auch nicht, was sie tun, wenn sie nicht gerade sprechen und somit auch nicht im Bild sind.

Das Aufstellen klarer Spielregeln und die Betonung der Zielsetzung sind daher in diesem Bereich entscheidende Faktoren zum Erfolg der Konferenz.

Trotz aller Technik: Die visuellen Signale und die unmittelbare Körperwahrnehmung fehlen bis zu einem gewissen Grad, sie sind auch bei der Videokonferenz nur eingeschränkt wahrnehmbar. Nur dann, wenn die Personen auch physisch im selben Raum sind, entsteht tatsächlich eine qualitativ hochwertige und mehrschichtige Kommunikation. Wir kommunizieren bis zu 75 Prozent über unseren Körper und nehmen einen Großteil dieser Botschaften unbewusst wahr. Somit können diese Telegesprächsformen die tatsächliche Besprechung nie vollständig ersetzen. Der Moderator hat geringere Möglichkeiten der Einflussnahme, seine Rolle beschränkt sich eher auf eine administrative. Wichtig ist daher sein Feedback über den Ablauf an die zuständige nächsthöhere Stelle im Unternehmen. In diesem Sinn ist er mitverantwortlich, wenn die Grenzen des Machbaren nicht erkannt werden und das jeweilige elektronische Medium nicht effizient genug genutzt wird.

Moderieren von Krisengesprächen

Gespräche in Krisensituationen geraten aufgrund von Emotionen oft außer Kontrolle. Zu viele Emotionen machen ein konstruktives Gesprächsklima zunichte. Daher liegt die Lösung nahe, für diese Situationen einen neutralen „Gesprächs-Profi" zu engagieren. Und diese Mission ist aus unserer eigenen Erfahrung mitunter heikel, da rasch die Grenze zur Mediation überschritten ist. Oftmals reichen die Methoden der klassischen Moderation nicht aus, um die Krise beizulegen. Wenn Sie als Moderator für so

ein Krisengespräch vorgesehen sind, stecken Sie daher im Vorfeld klar die Grenzen ab: Lässt sich die Problematik mit einem „klassisch moderierten" Gespräch lösen oder bedarf es weiterer unterstützender Maßnahmen? Stellen Sie klar: Sie sind Moderator, nicht Therapeut!
Die neutrale Position ist hier ein zentrales Element. Vermitteln Sie in jeder Phase der Moderation klar die Botschaft: „Ich ergreife nicht Partei, ich bin hier zuständig für die Frage: Was soll heute hier geklärt werden? Was vereinbaren wir als nächsten Schritt?"

Es ist daher unbedingte Voraussetzung, dass Sie nicht von dem Problem, das dieses Krisengespräch ausgelöst hat, betroffen oder durch eine der beteiligten Personen in irgendeiner Weise befangen sind. Sollte dies der Fall sein, lehnen Sie die Moderation im Sinne einer konstruktiven Lösungsfindung besser ab.

Achten Sie in solchen Konfliktgesprächen unbedingt auf eine **wertschätzende Kommunikation** nach Marshall B. Rosenberg:

1. **Beobachten** Sie, ohne zu werten, nach dem Grundsatz: „Halte dich an die Tatsachen, die sich beschreiben lassen." Werden Beobachtungen von Ihnen dokumentiert, achten Sie strikt darauf, keine Interpretation oder Bewertung des Ablaufs einfließen zu lassen.
2. **Trennen Sie stets Gefühle von Gedanken und Interpretationen.** Die eigenen Gefühle können Sie nicht übergehen, Sie müssen Sie sogar innerlich bewusst registrieren, sich eingestehen („Ich finde es gerade total ungerecht, wie A mit B umgeht!"), jedoch im Rahmen der Moderation nicht aussprechen. Die beobachteten Gefühle der anderen dürfen Sie jedoch sehr wohl ansprechen. So spiegeln Sie das beobachtete Bild den Teilnehmern hinüber – ein gutes Mittel, das Thema von zwei Seiten zu bearbeiten!
3. Fordern Sie die **Verantwortung für die eigenen Gefühle** von den Konfliktparteien ein, nehmen Sie auch Ihre eigenen Gefühle wahr. Erkennen Sie die Bedürfnisse im Gespräch bzw. formulieren Sie diese auch. Wesentlich im Sinne einer Schlichtung ist dabei: Andere Menschen sind nicht für meine Gefühle verantwortlich und auch nicht für meine nicht kommunizierten Bedürfnisse. Das Gleiche gilt auch für die anderen.
4. Sie sollten bei Bedarf eine **klare Bitte** äußern, die die Gefühle der Anwesenden positiv beeinflusst, z. B. „Brauchen Sie ...?", „Ich bitte um

Tipp

Verwenden Sie dabei Wörter wie: beruhigt sein, überrascht sein, zufrieden sein, betroffen sein.

mehr bzw. weniger ...", „Wir tragen hier dazu bei ...", „Ich behalte ... bei". Diese Formulierungen helfen, etwas Distanz zwischen Äußerung und innerer Emotion zu schaffen.

Bei wertschätzender Kommunikation geht es nicht darum, Menschen und deren Verhalten zu ändern, nicht darum, den eigenen Willen durchsetzen, sondern darum, Beziehungen aufzubauen, die auf Offenheit und Einfühlsamkeit beruhen. So werden sich über kurz oder lang die Bedürfnisse jedes Einzelnen erfüllen, wobei diese Inhalte stark voneinander abweichen können.

Achten Sie bei schwierigen Gesprächen auf verständliche, deutliche Formulierungen, fragen Sie nach, wenn Bemerkungen hinter vorgehaltener Hand gemacht werden. Zeigen Sie in jedem Fall Respekt und Wertschätzung gegenüber der Person, bleiben Sie jedoch hart in der Sache: Was ist das Ziel dieses Gesprächs? Versuchen Sie nicht, durch oberflächlichen Smalltalk eine gelöstere Gesprächsatmosphäre zu erzeugen. Das führt leicht zu peinlichen Situationen und endet mit Schuldzuweisungen.

Weitere Tipps für Krisen-Moderationen

- Bestehen Sie in solchen Gesprächen auf der Klärung von:
  - weiteren Terminen,
  - weiteren Verhandlungen,
  - rechtlichen Klärungen und
  - Commitment zur Geheimhaltung der Besprechungsinhalte.
- Ersuchen Sie die Gesprächsteilnehmer, sich die Sache danach in einer ruhigen Minute durch den Kopf gehen zu lassen und **nicht sofort emotional zu reagieren.**
- Bieten Sie in der Folge **Lösungsmöglichkeiten und Vorschläge** an, um den Umsetzungsprozess voranzutreiben. Achten Sie im Sinn eines systemischen Ansatzes auf die Einflussfaktoren von außen und innen. Hören Sie genau hin und trennen Sie in Ihrer Moderation

solche Einflussfaktoren von der Meinung der beteiligten Gesprächsparteien.
- Relativieren Sie negative Aussagen und Übertreibungen durch bewusst eingesetzte Interventionstechniken (siehe Kapitel 3 unter „Wenn es ernst wird: Interventionstechniken"). Bei Krisengesprächen sollten Sie wesentlich früher intervenieren als in einer eher sachorientierten Moderation.
- Lassen Sie es nicht zu, dass eine Person, eine Meinungsäußerung oder eine bereits getroffene Entscheidung lächerlich gemacht wird. Fordern Sie in ruhigem Ton die Ernsthaftigkeit der Besprechung ein („Bleiben wir beim Thema, es geht um ….") und formulieren Sie **nie zynisch**.
- Ist eine Entscheidung gefallen und geht es im weiteren Gespräch um deren Umsetzung, dann machen Sie in **freundlichem Ton**, aber **deutlich in der Formulierung** klar, dass die Entscheidung nun getroffen wurde und sich alle Beteiligten danach zu richten haben.

Typische Fragen und Aussagen für den Moderator in schwierigen Situationen
- Welche Person meinen Sie konkret?
- Welche Prozesse/Geschehnisse genau sprechen Sie an?
- Was wurde aus Ihrer Sicht bisher getan, um in diesem Prozess weiterzukommen?
- Wie haben Sie den Prozess bisher empfunden?
- Von welchen Voraussetzungen gehen Sie bei Ihrer Feststellung aus?
- Wann war das genau der Fall?
- Bei welchem Mitarbeiter/in welcher Abteilung war das der Fall?
- Was drücken Sie mit Ihrem Statement aus?
- Welcher Hintergrund bestimmt Ihre Aussage?
- Was ist weiter zu beachten, um …?
- Damit wir den Vorschlag der Abteilung X weiter bearbeiten können: Was sind aus Ihrer Sicht die nächsten Schritte?
- Von welchem Zeitrahmen sprechen Sie hier?
- Was wurde Ihrer Meinung nach noch nicht angesprochen? Welche Aspekte fehlen noch?
- Was möchten Sie konkret in dieser Situation erreichen?

- Von welchem Ziel gehen Sie aus?
- Sind wir in diesem Punkt einer Meinung?
- Welche Aussage war bisher für Sie akzeptabel?
- Weshalb ist dieser Punkt für Sie so wesentlich?
- Bitte formulieren Sie diese Aussage nochmals aus der Sicht von ...
- Was befürchten Sie in diesem Prozess?
- Wie lautet Ihre konkrete Frage zu diesem Thema?
- Bitte wiederholen Sie nochmals Ihre Aussage für das Protokoll.
- Wenn ich das richtig interpretiere, meinen Sie ...
- Bitte lassen Sie Herrn XY aussprechen.
- Wo waren wir uns bisher einig?
- Hören wir vorerst die Meinung von ... an.

Moderieren von Großgruppenveranstaltungen

Haben Sie sich im Rahmen der Moderation von Besprechungen und Kleinveranstaltungen profiliert, kann es durchaus passieren, dass Sie für die Moderation einer größeren Veranstaltung angefragt werden. Dies ist der nächste Schritt hin zum Moderationsprofi. Wir wollen Ihnen daher in diesem Buch auch einige Grundzüge dieser Moderationsform näherbringen, als Einstimmung auf weitere Aufgaben in Ihrer hoffentlich noch langen und erfolgreichen Moderatoren-Laufbahn.

Von Großgruppenveranstaltungen spricht man bei einer Gruppengröße ab ca. 30 bis hin zu 2.000 Personen. Gerade im Rahmen von Veränderungsprozessen kommt es in vielen Unternehmen zu solchen Veranstaltungen. Methoden wie:

- Open Space
- die Zukunftskonferenz
- Real-Time-Strategic-Change-Konferenzen (RTSC) oder
- World Café

stehen dabei im Vordergrund.

Ziel und Inhalt ist es, über die üblichen Konferenzformen hinaus eine gleichberechtigte Kommunikation und Interaktion zu ermöglichen und vor allem eine hohe Identifikation mit den gefundenen Lösungen zu schaffen.

Open Space

Die Grundidee, auf der diese Methode basiert, ist das Prinzip Eigenverantwortung und Selbstorganisation in der Kleingruppe.

Bei der Open-Space-Form gibt keine fixe Tagesordnung, die gesamte Zeit- und Arbeitsplanung wird zu Beginn der Veranstaltung festgelegt. Jeder kann Themen vorschlagen und übernimmt dann die Verantwortung für deren Bearbeitung. Alle Themen sind grundsätzlich zulässig. Pro Thema bildet sich eine Arbeitsgruppe. Die Einteilung in die Arbeitsgruppen wird am sogenannten Marktplatz, einem für alle zugänglichen Raum, ausgehängt. Jeder trägt sich dort ein, wo er mitmachen möchte. Themen, zu denen sich niemand meldet, werden gestrichen. Die Kleingruppen arbeiten selbstbestimmt, auch, was ihren Pausenrhythmus angeht. Der Themenvorschlagende trägt die Verantwortung. Die Ergebnisse werden zusammengefasst und an einer Nachrichtenwand am Marktplatz für alle zugänglich gemacht. Das Ende der Veranstaltung erfolgt dann wieder in der Großgruppe. Alle Teilnehmer erhalten eine Dokumentation der Arbeitsgruppenergebnisse.

Die Zukunftskonferenz

Dabei geht es um die Erarbeitung von Eckpfeilern für zukünftige Entwicklungen. Die Gruppe ist möglich heterogen, das heißt, dass aus allen betroffenen Bereichen Vertreter teilnehmen sollten. Zunächst wird dabei die bisherige Entwicklung analysiert, dann geht es um Analysen von Trends, Bewertung und Auswahl wünschenswerter Entwicklungen, Herausarbeiten von Gemeinsamkeiten und die Planung konkreter Maßnahmen. Die Teilnehmer arbeiten in Kleingruppen, die im Laufe der Konferenz systematisch durchmischt werden.

Real Time Strategic Change (RTSC)

Diese Form berücksichtigt im Unterschied zu anderen Methoden die hierarchische Struktur eines Unternehmens. Thema, Ziel, Ablauf und die Grenzen werden von der Unternehmensführung festgelegt. Von Anfang an ist klar, dass die Führungsebene letztendlich auch entscheidet. Die Kleingruppen werden durch Teilnehmer aus unterschiedlichen Bereichen gebildet, als „Mikrokosmos des Unternehmens". Diese Gruppen arbeiten an der Lösung der vorgegebenen Problemstellungen und erhalten laufend Feedback von der Führungsspitze. Ablauf und Dauer werden konkret vorgegeben.

World Café

Bei diesem Ansatz geht es darum, in einer immer wieder wechselnden Zusammenstellung von Teilnehmern an einem runden Tisch Gespräche zu einem bestimmten vorgegebenen Thema zu führen. Der Moderator gibt eine „Café-Etikette" bekannt, die den Rahmen für diesen offenen Austausch festlegt. Pro Tisch gibt es einen freiwilligen „Gastgeber", der die immer wieder wechselnde Runde begrüßt und das bisherige Geschehen an diesem Tisch zusammenfasst. Jeder Tisch ist mit einer beschreibbaren, weißen Papiertischdecke versehen und es liegen Stifte und Marker bereit, um die wichtigsten Gedanken auf dieses Tischtuch zu schreiben. Durch den häufigen Wechsel der Tischrunde werden die unterschiedlichen Gespräche an den Tischen miteinander verlinkt und beeinflussen sich gegenseitig. Die Ergebnisse werden anschließend im Plenum vorgestellt.

Großgruppenveranstaltungen mit den oben genannten Methoden heben aus unserer Sicht im Sinn der lernenden Organisation die Selbst- und Teamlernkompetenz von Mitarbeitern. Dieser Lernprozess kostet zwar vordergründig Zeit, hat jedoch einen langfristigen und nachhaltigen Effekt. Sie als Moderator sind nicht mit jedem einzelnen Teilnehmer in Kontakt, sondern sehen permanent das gesamte System. Daraus ergibt sich ein ständiges Abwägen zwischen Steuerung und Freiraum.

Zusatztipps für die Moderation und die Vorbereitung

- Die **Planung und Vorbereitung** erfolgt durch eine Projektgruppe, die das Gesamtsystem des Unternehmens abbildet (Vertreter aus Geschäftsleitung, betroffenen Bereichen, aus allen Hierarchien). Das Ziel ist die Einbeziehung des Gesamtsystems ebenso wie eine hohe Mitarbeiter- und Ressourcenorientierung. Legen Sie bei der Vorbereitung Wert auf die Raumfrage, den Ablauf, Infrastruktur, Material und die Zeitschiene.
- Die **Teilnehmer** stellen einen möglichst offenen Kreis an Mitarbeitern dar, groß genug, um repräsentativ alle Mitarbeiter des Unternehmens zu vertreten. Wesentlich dabei ist eine freiwillige Teilnahme. Den Mitarbeitern soll vorab bewusst sein, dass sie eine aktive Rolle einnehmen. Jeder einzelne Teilnehmer ist verantwortlich für das Gelingen. Voraussetzung dafür sind eine präzise Vorbereitung und eine positive Einstellung der Beteiligten.

- Der **Moderator** hat in Großgruppenveranstaltungen dafür zu sorgen, dass eine teilnehmerzentrierte und vor allem prozessorientierte Moderation stattfinden kann. Der Moderator nimmt immer eine wertfreie Position ein und gibt seine Eindrücke an die Geschäftsleitung ausschließlich nach Absprache mit der Gruppe anhand der Ergebnisse weiter. Er sorgt damit für ein wertschätzendes und vertrauenssicherndes Klima. Wesentlich ist dabei, dass die Bühne bei Großgruppenveranstaltungen den Mitarbeitern, dem Management, letztlich dem System gehört und nicht der Moderator im Mittelpunkt des Geschehens steht.

  In diesem Sinn steht der Moderator z. B. bei Open-Space-Konferenzen besonders zu Beginn mit seiner gesamten Energie und Übersicht im Fokus: Er nennt den Anlass (Warum sind wir heute hier?), den Zweck (Was wollen wir erreichen?) und gibt das Verfahren (Wie wollen wir hier arbeiten?) bekannt.

- Holen Sie für die Konzeption Ihrer Moderation beim Auftraggeber z. B. drei Schlüsselworte ein, mit denen gearbeitet wird und mit denen dann auch die Ergebnisse präsentiert werden. Aufgrund dieser Schlüsselwörter kann die Gruppe dann ihre Themen wählen, was einen breiten Raum für neue Vorschläge bzw. kreative Lösungsansätze gibt.

- **Methode:** Der Moderator gibt den Rahmen vor, die Organisation der Gruppenarbeiten erfolgt innerhalb der Gruppe selbst. Der Moderator übernimmt dabei nicht eine direkte und ausschließlich frontale Moderation, sondern lässt eine aktive Kleingruppenaktivität zu. Die Methode soll daher nicht zu starr konzipiert sein, sondern ein variables Ablaufkonzept mit Raum für Gruppendynamik und kreatives Arbeiten ermöglichen.

  – Ergänzen Sie offene Methoden, wie z. B. den Marktplatz und offene Diskussionsrunden, mit Präsentationen. Der Moderator gibt Gestaltungshilfen für die Methode, muss sie jedoch nicht bis ins Detail vorgeben.

  – Die Grundidee der Methodenauswahl ist nicht ein Entweder-Oder, sondern ein Sowohl-als-Auch. Daher empfehlen wir, kreative Methoden (z. B. Outdoor-Einheit) mit traditionellen Methoden (z. B. Ergebniszusammenfassung in Form von Power-Point-Folien oder eine moderierte Diskussion) zu kombinieren.

  – Die Gruppen können nach dem Zufallsprinzip, durch Auslosen oder nach Bereichen zusammengesetzt sein.

- **Organisation:** flexible Zeitstruktur, keine Kino-, sondern „Bistrobestuhlung" (runde Tische mit acht bis zehn Teilnehmern), gegebenenfalls ein Podium für das Management, bedarfsorientierte Technik, möglichst viel Raum für Gespräche und Diskussionen lassen, Einrichtung möglichst variabel halten (bei Veranstaltungen in Hotels flexibles Personal einfordern), die Pausen werden in den Ablauf integriert
- **Ergebnisse:** Alle Ergebnisse sollen am Schluss komplexitätsabbildend dargestellt, d. h. auch zusammengefasst werden. Dazu ist es notwendig, dass Mitarbeiter ihre Ergebnisse „aus der Hand geben" und für alle sichtbar machen, was vor allem in Change-Konferenzen zu Diskussionen führen kann. Veränderung soll als permanenter und zirkulärer Prozess gesehen werden, der durch eine Großgruppenveranstaltung nicht abgeschlossen ist. Daher müssen die Ergebnisse keine endgültige, fertig ausgearbeitete Lösung enthalten.

Ein mögliches Ablaufschema

1. In der Großgruppe
Einstieg, allgemeine Begrüßung und Einleitung
Anlass, Hintergrund
Vorstellen des Ziels
Vorstellen des Ablaufs
Vorstellen des Kleingruppen-Arbeitsablaufs
Bilden von Kleingruppen

2. In den Kleingruppen
Vereinbaren des Ziels der Gruppenarbeit
Ablauf der Kleingruppenarbeit
Arbeitsprozess
Vorbereiten der Präsentation im Plenum, bzw. am Marktplatz

3. In der Großgruppe
Zusammenführen der Ergebnisse
Ev. Aufgabenverteilung und Bilden von weiteren Kleingruppen
Abschluss der Veranstaltung

Für Eilige: Die 10 Moderationsgebote

1. Nehmen Sie sich Zeit für eine genaue Vorbereitung.
2. Sie sind in erster Linie Experte für die Methode und erst in zweiter Linie für die inhaltliche Aufbereitung verantwortlich.
3. Stellen Sie Spielregeln auf und sorgen Sie für deren Einhaltung.
4. Formulieren Sie klar und nachvollziehbar, stellen Sie Fragen und visualisieren Sie in geeigneter Form.
5. Erklären Sie der Gruppe vor jedem Moderationsschritt Ihr weiteres Vorgehen.
6. Jedes Gruppenmitglied kann seine Meinung einbringen – partnerschaftliches Miteinander als Grundsatz, Intervention bei Krisen!
7. Sorgen Sie für einen lebendigen „angstfreien" Dialog – trennen Sie für die anderen nachvollziehbar Emotion und Sache.
8. Nehmen Sie Angriffe nicht persönlich, reagieren Sie gelassen.
9. Halten Sie mit jedem Teilnehmer immer wieder Blickkontakt.
10. Verlieren Sie nie das Ziel der gesamten Moderation aus den Augen!

Stichwortverzeichnis

A
Alles-schlecht-Redner 132
Analyse- und Entscheidungsfindungs-Techniken 91
Angriffe, persönliche 126

B
Besprechungsraum 37
Besprechungstisch 45
Besserwisser 131
Blitzlicht 95, 145
Brainstorming 88
Brainwriting oder 6-3-5-Methode 89

C
Cardwriting und Clustern 89
Checklisten 146 ff.
Controllers Window 113 f.

D
Diaprojektor 78
Disney-Strategie 90

E
Echo-Antwort 117
Einpunkt-Abfrage 85
Eisenhower-Prinzip 35
Entscheidungsmatrix 94

F
Feedback-Bogen 145
Feedbacker 130
Fern-Besprechungen 157
Flipchart 72, 78
Fragearten und ihr Einsatz in der Moderation 104
- Alternativfragen 105
- geschlossene Fragen 104
- Gegenfragen 122
- offene Fragen 106
- Präzisierungsfragen 105
- Prozessfragen 107
- reflektierende Fragen 107
- richtungsweisende Fragen 106
- skalierende Fragen 107
- Suggestivfragen, Zustimmungsfragen 106
- Zielfragen 108
- zirkuläre Fragen 108
Frage-Checkliste 29
Fragekette 104

Fragenkatalog 32
Fragenspeicher 70
Fragetechniken 103, 129

G
Großer Schweiger 130
Großgruppenveranstaltungen 167

H
Hellraum-Projektor (Overhead-Projektor) 76

I
Interventionstechniken 68, 111, 121 f., 128 ff., 166

K
Kartenabfrage 84, 89
Killerphrasen 123
Kino 44
Klassenzimmer 44
Kommunikation 99
- Regeln 63, 68, 156
- wertschätzende 164
Körpersprache 20, 44, 111, 116 ff., 159
Kreativitätstechniken in der Moderation 87
- »Neue Perspektiven« 88
Krisengespräche, Moderation 163 ff.

M
Management-Summary 142
Manöverkritik 19, 135, 144, 147
Mehrpunkt-Abfrage 85
Methoden für „zwischendurch" 95
Mind-Map 91

Moderation
- Abschluss 97
- Arten 12
- Durchführung 83
- Einstieg 82
- Nachbearbeitung, organisatorische 147
- Planung 17, 54, 169
- inhaltliche und methodische 11
- Vorbereitung
  - inhaltliche 29
  - methodische 31
  - organisatorische 32
  - persönliche 34
Moderations-Checkliste 148
Moderationskoffer 33, 42, 98
Moderationsplan 5, 31, 51 ff., 112
Moderationstechniken 81 ff.
Moderator 5, 9 ff.
- Aufgaben 17
  - nach der Veranstaltung 19
  - während der Veranstaltung 18
- aus dem eigenen Team 13
- aus einer anderen Abteilung 13
- Chef als Moderator 14
- junger 14
- Rolle 17 ff.
- Fähigkeiten 20

O
Offener Stuhlkreis 45
Open Space 167 f.

P
Pinnwand oder Moderationstafel 74, 81
Polaritäts-Abfrage 86 f.

PowerPoint-Folien 79
Problem-Analyse-Schema 91
Protokoll 33, 136 ff.
- Fotoprotokoll 143
- Sofortprotokoll (Simultanprotokoll) 139
Protokollführer 97, 136

Q
Querdenker 127

R
Real-Time-Strategic-Change-Konferenzen (RTSC) 167 f.
Reviewtechnik 125

S
Sechs-Farben-Denken 90
Sitzordnung 43, 46
Sonderfälle und ihre spezielle Vorbereitung 34
Spielregeln 55, 71
- Durchsetzen von 66
- für den Abschluss 64
- für den Einstieg 59
- im Vorfeld 57
- während der Veranstaltung 59
Stimmungsabfrage 32
Stimmungsbarometer 96
Störfaktoren, äußere 133
SWOT-Analyse 92

T
Teamkultur 155
Telefonkonferenz 159
Themen, vorbereitete 84
Themenabfrage bei Teilnehmern 34 f.

Themensammlung 83
Themenspeicher 70, 85
To-do-Liste 137. f.

U
U-Form 43
Umgang mit schwierigen Teilnehmern 127
Ursachen-Wirkungs-Diagramm oder Fishbone-Diagramm 92

V
Videokonferenz, Live Meeting/ WebEx 162
Videosysteme 77
Vielredner 128
Visualisierung 11, 15, 49, 62, 69 ff., 72, 78, 145 f.
- des Ablaufs 70
Visualisierungshilfen 43, 160
Visualisierungsmedien 46
Visualisierungsverantwortlicher 156
Vogelperspektive 123
Vorbereitung auf die Teilnehmer 30

W
Whiteboard bzw. Copyboard 75
Widerstände auflösen 115
World Café 167, 169

Z
Zeitplan 52
Zukunftskonferenz 167 f.
Zuruf-Abfrage 84
Zwei-Felder-Tafel 93